PROCÈS
DE L'ÉVANGILE.

PRIX : 10 FR. POUR PARIS.

Les Causes célèbres réclament ce grand Procès que l'ex-Colonel Touquet a perdu dans toutes les juridictions.

Quoique divergens dans leurs motifs, le Jugement et les Arrêts qui l'ont terminé, ont proclamé ce principe que, « si la Charte a consacré la « liberté de conscience, la liberté des cultes, la « liberté d'examen, le droit de controverse, celui « de publier ses opinions, les Lois ont établi les « Tribunaux *juges*, *jurés*, et suprêmes *apprécia-* « *teurs* de ce qui constitue l'OUTRAGE en matière « de religion. »

Cette doctrine, qui a fait du *silence* une *dénégation*, et de la *dénégation* un *délit correctionnel*, a été examinée et débattue dans les graves et nombreuses discussions nées du procès fait à l'ÉVANGILE SANS MIRACLES.

Tout ce qui a été dit ou écrit *pour*, *contre* ou *sur* les grandes questions que cette Affaire a soulevées, va être réuni avec la plus scrupuleuse exactitude, le soin le plus minutieux, l'impartialité la plus rigoureuse.

Du fond de sa prison, le Condamné, qui a suivi toutes les phases de son procès, en coordonnera les documens, et dirigera l'impression de l'ouvrage, devenu indispensable au Barreau dans la nouvelle carrière que semble lui ouvrir notre époque.

Il ne sera tiré, du PROCÈS DE L'ÉVANGILE, qu'un nombre d'exemplaires égal à celui des personnes qui se seront fait inscrire avant la *mise sous presse* (15 juillet 1827), chez M. BELHOMME, Négociant, rue Feydeau, n° 26, ou qui en auront fait la demande à M. TOUQUET, détenu en la prison de Sainte-Pélagie, à PARIS.

On ne paie rien d'avance, mais on doit affranchir les lettres : cette condition est de rigueur.

Avril 1827.

Imprimerie de MARCHAND DU BREUIL, rue de la Harpe, n. 80.

PROCÈS DE L'ÉVANGILE.

Je déclare souscrire pour exemplaire de l'ouvrage ayant pour titre *Procès de l'Évangile*, un volume in-8°, à raison de DIX FRANCS l'exemplaire; et je m'oblige à en payer le prix, à l'instant où le volume me sera présenté, chez M.

rue n°

à PARIS.

A ce 1827.

CAUSE CÉLÈBRE.

PROCÈS DE L'ÉVANGILE.

> Personne ne fait réflexion que la cause d'un citoyen doit intéresser tous les citoyens, et que nous pouvons subir avec désespoir le sort sous lequel nous le voyons accablé avec des yeux indifférens (VOLTAIRE A BECCARIA, 1772.)

SOUSCRIPTION.

LES CAUSES CÉLÈBRES réclament ce grand Procès que l'ex-Colonel TOUQUET a perdu dans toutes les juridictions.

Quoique dissemblables dans leurs motifs, le Jugement et les Arrêts qui l'ont terminé, ont proclamé le principe que, « si la Charte a consacré la « liberté de conscience, la liberté des cultes, la « liberté d'examen, le droit de controverse, celui « de publier ses opinions, les Lois ont établi les « Tribunaux *juges*, *jurés*, et suprêmes *apprécia-* « *teurs* de ce qui constitue l'OUTRAGE en matière « de religion. (*Cass.*, 17 mars 1827.) »

Cette doctrine, qui a fait du *silence* une *déné-*

gation, et de la *dénégation* un *délit correctionnel*, a été examinée et débattue dans les graves et nombreuses discussions nées du Procès fait à l'ÉVANGILE SANS MIRACLES.

Tout ce qui a été dit ou écrit *pour*, *contre* ou *sur* les grandes questions métaphysiques que cette Affaire a soulevées, va être réuni avec la plus scrupuleuse exactitude, le soin le plus minutieux, l'impartialité la plus rigoureuse.

Du fond de sa prison, le Condamné, qui a suivi toutes les phases de son Procès, en coordonnera les documens, et dirigera l'impression de l'ouvrage, devenu indispensable au Barreau dans la nouvelle carrière que semble devoir lui ouvrir notre époque.

Il ne sera tiré, du PROCÈS DE L'ÉVANGILE, qu'un nombre d'exemplaires égal à celui des personnes qui se seront fait inscrire avant la *mise sous presse* (27 août 1827), chez M. BRIÈRE, Libraire, rue Saint-André-des-Arts, n° 68; M. MONGIE aîné, Libraire, Boulevard des Italiens, n° 10; M. HYACINTHE LANGLOIS, rue d'Anjou Dauphine, Mademoiselle LEBLANC, au Palais de Justice, galerie des Prisonniers, n° 5, à Paris; chez l'un des principaux Libraires des départemens; ou qui en auront fait directement la demande à M. le Colonel TOUQUET, détenu en la prison de *Sainte-Pélagie*, rue de la Clef, Faubourg Saint-Marceau.

On a imprimé la note suivante dans le Journal du Commerce.

25 avril 1827

« La Condamnation prononcée contre M. Touquet, pour la publication de l'Évangile (*partie morale et historique*), a causé la ruine de l'Éditeur. Son Établissement de Librairie est détruit; son Magasin et son Mobilier ont été vendus aux enchères. Il expie maintenant son péché sous les verroux de Sainte-Pélagie : ce sont là les suites naturelles de sa condamnation.

« Mais l'Administration a cru devoir ajouter des rigueurs arbitraires aux sévérités de la Justice. Le Colonel Touquet est titulaire d'une Pension de retraite insaisissable; le paiement des arrérages, depuis la fin de 1826, a été arrêté. Il lui restait un Brevet de Libraire, une Ordonnance vient de le lui retirer. Il est maintenant réduit au pain des prisonniers. »

Imprimerie de Marchand du Breuil,
Rue de la Harpe, n. 80.

PROCÈS DE L'ÉVANGILE.

Je déclare souscrire pour exemplaire de l'ouvrage ayant pour titre *Procès de l'Evangile*, un volume *in*-8°, à raison de DIX FRANCS l'exemplaire; et je m'oblige à en payer le prix (espèces), à l'instant où le volume me ser présenté chez M. , rue , n° , à PARIS.

A , ce 1827.

PROCÈS

DE L'ÉVANGILE.

PROCÈS DE L'ÉVANGILE.

(PARTIE MORALE ET HISTORIQUE.)

V^e. LIVRAISON

DE LA BIBLIOTHÈQUE POPULAIRE.

PREMIÈRE PARTIE.

PARIS.

TOUQUET ET COMPAGNIE,

GALERIE VIVIENNE.

1826.

INTRODUCTION.

TABLE DES MATIÈRES.

NOTES POUR L'HISTOIRE.

JOURNAL DES DÉBATS. — 13 *Septembre* 1826.

4ᵉ. *Année de la Révolution.*

En 1793, un Imprimeur célèbre de cette capitale (M. Pierre DIDOT), qui avait publié une *Collection de Moralistes* pour le Dauphin, ayant réimprimé un des volumes de ce recueil intitulé : *Morale de l'Évangile*, faillit être dénoncé et poursuivi sévèrement comme *fanatique* et *contre-révolutionnaire.*

13ᵉ. *Année de la Restauration.*

En 1826, un Libraire (M. TOUQUET) s'avise de publier le même ouvrage, sous le titre de *Partie morale et historique de l'Évangile ;* et il est traduit devant les tribunaux comme prévenu d'*offenses à la morale religieuse et à la religion de l'état.*

PROCÈS DE L'ÉVANGILE.

DÉNONCIATION.

LE DRAPEAU BLANC. — 27 *Juillet* 1826.

Au nombre des livres en miniature dont vient de s'accroître la *Bibliothèque populaire* (*), il en est un qui a pour titre l'ÉVANGILE. — L'Évangile! — Eh bien! qu'avez-vous à dire? Parcourez les sommaires des chapitres. En voici un de saint Jean; cet autre est de saint Mathieu; saint Luc et saint Marc y ont aussi fourni leur contingent. Allez-vous crier à l'irréligion, au libéralisme, à la corruption de l'esprit public, au pervertissement des classes populaires? Ce bon peuple! voyez comme nous prenons soin de son instruction chrétienne! Après lui avoir donné l'*Histoire de Pierre le Grand* et le *Dictionnaire féodal*, nous imprimons pour lui le livre des livres, celui devant lequel s'inclinent les grands de la terre et les petits! — Il est vrai; mais comme nous n'avons pas l'habitude de prendre les choses sur l'étiquette, et que nous savons par expérience ce qu'on doit attendre de la fabrique où s'élabore la sagesse à cinq sous le volume, on nous permettra d'approfondir cette nouvelle publication. Eh bien!

(*) A Paris, chez Touquet et *compagnie*, galerie Vivienne.
(*Note du Dénonciateur.*)

nos pressentimens n'étaient que trop fondés. Le prétendu *Evangile* est un assemblage informe de lambeaux extraits des quatre évangélistes, assez gauchement cousus ensemble. Mais ce qui caractérise cette production, c'est que l'on en a soigneusement exclu tous les miracles sans exception, depuis l'étoile qui a guidé les bergers vers le berceau du sauveur, jusqu'aux phénomènes qui ont accompagné la mort de J.-C., dont la divinité est ainsi réduite au néant. Vous verrez que, si les éditeurs réimpriment l'*ancien Testament*, ils en supprimeront la création du monde, qui fut le premier et le plus grand de tous les miracles de la puissance divine.

De toutes les biographies, voilà certainement la plus impudente et la plus effrontée; et nous ne voyons pas que les dames de la cour, les députés, les pairs, les ministres et les gens de lettres aient à se plaindre de ce qu'on les a imprimés tout vifs, après la mise au jour d'une pareille publication. Son titre aurait-il trompé les yeux d'Argus de M. Franchet? ou devrait-elle à son exiguité de n'en avoir pas été aperçue? Il y a là une combinaison diabolique, pire que tous les écrits des philosophes du dix-huitième siècle; une contrefaçon, une falsification des livres saints, plus détestables que l'altération des monnaies. Ah! ah! MM. les libéraux, vous voulez que l'on respecte les chartes politiques; vous exigez que l'on soit rempli de vénération pour le moindre petit article de la loi fondamentale; et vous mutilez de la sorte la grande charte des chrétiens! C'est à la divinité elle-même que vous vous en prenez; vous voulez la détrôner, et abolir la plus universelle comme la plus incontestable de toutes les monarchies! A la bonne heure; nous savons à quoi nous en tenir sur vos sentimens religieux comme sur vos sentimens politiques.

Cette compilation athée est annoncée comme étant ou devant être imprimée à 30,000 exemplaires. On compte apparemment sur la déception produite par le titre, où rien n'annonce la révoltante suppression que l'on s'est permise (*). On compte aussi, sans doute, sur la crédudulité et la piété de ce peuple, incapable de démêler la fraude au premier coup-d'œil. C'est le loup entrant dans la bergerie sous la peau de l'agneau. Et puis on viendra nous parler de tartufes! Qu'a fait de pis celui de Molière?

Puisque le ministère public n'a point aperçu cette odieuse tentative, nous croyons devoir la signaler aux prêtres catholiques, aux ministres protestans eux-mêmes, afin qu'ils préservent leur troupeau de l'athéisme qu'on voudrait lui inoculer par un aussi perfide moyen. Le bon sens populaire, que l'on ne cesse de méconnaître et d'outrager, n'a besoin que d'un avertissement pour rejeter avec mépris une aussi grossière imposture.

Maintenant, hommes politiques et religieux, querellez-vous sur le gallicanisme et l'ultramontanisme, le jansénisme et le jésuitisme ; *dénoncez* les congrégations et les missionnaires, les processions et la vie dévote, on vous mettra bientôt d'accord avec l'*Évangile* sans miracles, comme on vous a mis jadis hors de cour avec une constitution sans royauté.

Sur cette dénonciation civique, répétée par l'*Etoile*, *la Sentinelle de la Religion* et autres journaux, intervint un Réquisitoire de M. le procureur du roi, et Ordonnance de l'un de MM. les juges d'instruction près le tribunal de première

(*) Le titre, au contraire, indique formellement que la partie publiée ne contient que la *morale* et l'*histoire* proprement dite.

instance du département de la Seine, en vertu de laquelle un commissaire de police saisit, au domicile de l'éditeur et chez divers libraires, une certaine quantité d'exemplaires de l'ÉVANGILE (*partie morale et historique.*)

Le procès-verbal de saisie fut notifié dans les trois jours; et l'Éditeur, l'Imprimeur et les Libraires-Distributeurs de l'ouvrage incriminé furent appelés devant M. Vanin, juge d'instruction.

INTERROGATOIRE.

D. Reconnaissez-vous l'ouvrage que je vous représente, intitulé l'ÉVANGILE, *partie morale et historique*, formant la cinquième livraison de la *Bibliothèque populaire*, pour celui que vous avez publié?

R. Oui, Monsieur.

D. Cet ouvrage est incriminé, *dans son ensemble et dans ses détails*, comme contenant *offenses à la morale religieuse et à la religion de l'État*?

R. Daignez, Monsieur, préciser l'accusation.

D. Je ne peux que vous répéter que l'ouvrage est incriminé comme contenant, *dans son ensemble et dans ses détails, offenses à la morale religieuse et à la religion de l'État.*

R. Je ne peux, Monsieur, que vous répéter ma réponse (*).

Ici finit l'instruction.

(*) Ce n'est pas là le texte, mais bien le sens de l'interrogatoire.

RAPPORT (*) ET ORDONNANCE

de la Chambre du Conseil, qui renvoie MM. Touquet, Marchand-Dubreuil, Brière, Mongie, Lefèvre, Terry et Madame Lainé, devant le tribunal de police correctionnelle, pour y être jugés, le premier comme Éditeur, le second comme Imprimeur, les autres comme Distributeurs d'un ouvrage *in*-32, intitulé : l'Évangile (*partie morale et historique*), formant la Ve. Livraison de la *Bibliothèque populaire*,

INCRIMINÉ,

comme contenant, dans son ensemble et dans ses détails, le double caractère d'offense et à la morale religieuse et à la religion de l'État, en ce que l'éditeur a supprimé les prodiges qui signalèrent la naissance, la vie, la mort et la résurrection de N. S. J. C.; que cette *suppression* outrage la religion de l'État qui, considérant l'Évangile comme un livre divin et inspiré, est offensée d'en voir changer ou ôter un seul mot; que l'éditeur, ayant annoncé que l'ouvrage qu'il publiait contenait non seulement la partie *morale*, mais encore la partie *historique* de l'Évangile, semble, en supprimant les faits *miraculeux*, les considérer comme fabuleux et chimériques, et comme ne devant pas faire partie de l'*Histoire de la*

(*) Ces rapports ne se communiquent point aux inculpés; c'est peut-être un tort de la législation. En les soumettant au débat écrit devant la chambre du conseil, il y aurait nécessairement un plus petit nombre de *mises en prévention*; les audiences publiques seraient moins chargées; les travaux des magistrats seraient allégés; et moins d'innocens subiraient les débats, toujours humilians, d'une procédure publique.

religion chrétienne; que cette suppression a pour objet de détruire la croyance fondamentale et la divinité de J. C., qui nous est manifestée par les miracles, et que lui-même n'est plus présenté que comme un simple philosophe ; qu'ainsi la morale religieuse est attaquée, puisque son auteur est ainsi dépouillé du caractère divin : ce qui constitue les délits (*) prévus par les art. 1er. et 8 de la loi du 17 mai 1819, et 1er. de celle du 25 mars 1822.

(*) Ces délits sont punis d'un emprisonnement de trois mois à cinq ans, et d'une amende de 300 à 6,000 fr.

OPINION PUBLIQUE.

LE GLOBE. — 9 *Septembre* 1826.

Bien des questions sont soulevées par ce réquisitoire, et toutes plus délicates les unes que les autres. Nous nous contenterons de les indiquer à ceux de nos amis qui se sont si maladroitement armés de ce mot de *religion d'état* dans la question des Jésuites, et qui lui ont donné une si terrible extension : en voici aujourd'hui un développement assez complet, et auquel peut-être ils ne s'attendaient pas. Si la doctrine de MM. les gens du roi était admise, il s'ensuivrait que nulle publication des livres hébreux ou chrétiens conforme aux croyances de chaque communion, nulle profession de foi historique ou philosophique contraire à l'histoire et aux dogmes de la religion de l'État, ne pourrait être faite sans encourir les peines ci-dessus énoncées : si la négation de telle ou telle partie des vérités proclamées par la religion catholique constitue un outrage envers elle, aucune des sectes protestantes n'est plus libre : si la négation de la *divinité* du Christ constitue une offense aux sectes chrétiennes, la religion juive n'est plus libre ; en un mot, en interprétant ainsi la loi, il faudrait fermer tous les temples ; car il serait ridicule de permettre la prédication de ce qu'on ne pourrait écrire et imprimer ; et alors, la liberté des cultes et la liberté de la presse n'existent plus que sous le bon plaisir d'une religion qui imposera ses livres et ses croyances à notre adoration. La cour royale de Colmar n'a pas ainsi pensé, quand elle a décidé que jamais les croyances d'un culte ne pouvaient constituer un outrage à un autre culte : car, sans cela, il y aurait, à tout instant, outrage de tous les cultes les uns contre les autres, par leur seule profession. La cour de cassation n'a pas ainsi pensé, lorsque, en cassant l'arrêt relatif aux Piétistes, sur un point, elle a avec soin respecté le *considérant* de la cour de Colmar.

Mais, disent MM. les gens du roi, la négation de la divinité du Christ le réduit à n'être plus qu'un simple philosophe : et, par conséquent, attaque la morale *religieuse*. Si le mot de morale *catholique* avait été écrit dans la loi, nous pourrions concevoir, jusqu'à un certain point, leur raisonnement : mais, Dieu merci, le mot *religieuse* a apparemment un peu plus d'étendue ; et le législateur n'a pas, par une restriction mentale, resserré un mot générique à une signification toute spéciale. M. de Serres, qui combattit si long-temps et si éloquemment l'insertion de toute autre expression plus précise, avait apparemment prévu le péril et voulu le prévenir par une expression générale ; même le respect des ministres qui proposaient la loi, allait si loin pour la liberté de conscience, qu'ils s'étaient contentés d'abord du mot de *morale publique* ; et les orateurs des deux chambres qui insistèrent pour l'addition du mot *religieuse*, ne le présentèrent que comme un développement purement inoffensif des deux autres. Je le demande, d'ailleurs, en quoi la morale catholique elle-même serait-elle blessée par la négation de la divinité du Christ? La morale repose-t-elle seulement sur les prodiges? Ne consiste-t-elle pas plutôt dans les devoirs imposés envers Dieu, envers soi-même, envers les hommes, soit par le Christ, soit par les saints, soit par les ministres de l'église non canonisés? Et est-ce donc dans la sanction, plus ou moins mystique, d'une loi. qu'existe la moralité de cette loi? L'infraction est-elle dans la mise en oubli de la légende du législateur, où dans la corruption de la loi et dans la prédication de pratiques contraires à la loi? MM. du parquet ont fait, ce semble, confusion; et ce qui est plus singulier dans leur méprise, c'est que l'éditeur n'a, ni infirmé, ni nié, la partie mystique de l'Évangile; il a donné seulement celle qu'il regarde comme *morale* et *historique*, c'est-à-dire ce qui est humain, ce qui tombe sous l'intelligence et sous les sens de tous: ce qui ne suppose ni ne détruit l'illumination d'en haut. Est-ce là porter atteinte aux croyances de qui que ce soit? N'a-t-il pas fait, en agissant ainsi, ce qu'ont fait avant lui les premiers chrétiens, discutant, approuvant, ou rejetant tel évangile ou telle partie de tel évangile, selon leurs lumières privées; ou selon l'occurrence et l'utilité? A-t-il fait autre chose que ce que faisait le bibliste pseudonyme de *Royaumont*, arrangeant, retranchant, dans l'ancien Testament, tout ce qui lui semblait propre à effaroucher la pudeur des enfans; ou acceptant telle ou telle glose, telle ou telle leçon, plutôt que telle autre? Enfin, l'éditeur a-t-il fait autre chose que ce qui a lieu dans la collection même des quatre évangiles, où les faits sont racontés de quatre façons différentes, où saint Mathieu et saint Marc ne disent pas un mot des prodiges qui, selon saint Luc, ont précédé la naissance de Jésus-Christ? N'est-ce pas là une pure question de science, d'*exégèse*, comme on dit en Allemagne? Les tribunaux vont-ils donc se transformer maintenant en chaire de philologie et de dogmatique? et va-t-on les détourner de leur action civile, pour les jeter dans des controverses bibliques? La religion qui chercherait de pareils moyens d'autorité, n'y gagnerait certainement pas beaucoup : car, en de telles questions, si les avocats relèvent le gant (comme c'est leur devoir), il n'y a pas de raison pour qu'une vaste et sérieuse érudition ne fasse pas une brèche beaucoup plus large aux croyances catholiques que le petit livre dénoncé ; comme, dernièrement, la plaidoirie de Mᵉ Berryer a plus fortement ébranlé le gallicanisme que le livre de M. de La Mennais, parce qu'une opinion soutenue courageusement, sous la menace et en présence de la captivité, acquiert toujours plus de popularité.

Que si l'éditeur eût trompé la direction de la librairie et les acheteurs par un titre qui promettrait l'Évangile complet, quoiqu'il n'en publie que des parties, on concevrait peut-être une action en contravention de police ; et encore, même en ce cas, ce serait plutôt une question de probité et de critique en librairie, qu'une question judiciaire ; le premier journal consciencieux qui releverait la fraude, serait le juge souverain. Mais ici, il n'y a pas la moindre ruse : l'éditeur a prévenu tout le monde par son titre ; aucun catholique, tenant à la partie miraculeuse de l'Évangile, n'aura été séduit à l'achat, et scandalisé ensuite par des retranchemens et des suppressions qu'on a pris soin de lui annoncer d'avance.

Mais, dit-on, ce livre est à bas prix ; il s'adresse au peuple ; il tend à dégager la morale chrétienne de ses mystères ; c'est un acte de prosélytisme exercé au détriment de la religion de l'État. Tant pis pour la religion de l'État, si l'esprit des peuples est disposé à se séparer d'elle ; vos lois ont permis, autorisé, protégé, le prosélytisme de toutes les croyances ; vous pouvez vous en plaindre, mais non pas les réformer par réquisitoire ni par jugement.

Et après tout enfin, même en se plaçant dans le point de vue chrétien, n'est-ce pas une étrange prétention que d'attribuer l'Évangile en propriété à une église, ou à plusieurs églises, qui déclareront que rien ne sera publié sinon dans la forme et avec l'étendue par elles fixées? Quoi! l'Évangile, la loi de vérité et de réforme pour toute l'espèce humaine, adjugée ainsi en fief! Quoi! les livres qui ont été faits pour tous les temps et pour tous les pays, qui parlent à l'imagination du pauvre sauvage et du crédule enfant par leurs légendes, comme à l'homme civilisé et au philosophe par leur sublime morale, et le dévouement plus sublime encore de leur auteur; les livres qui sont faits pour réunir *toute langue et toute tribu*, seront présentés invariablement sous la forme que tel âge, tel peuple, telle génération d'hommes repousseront! Quoi! lorsque des prodiges au-dessus de l'humanité déconcertent et éloignent des intelligences sceptiques et moqueuses, il faudra enfouir et cacher sous ces prodiges les vérités qui séduisent les cœurs et se concilient la raison! il faudra repousser quiconque n'entrera pas par la voie de l'imagination et des extases! En vérité, c'est méconnaître étrangement le christianisme; c'est vouloir presque avec impiété lui borner sa carrière; car apparemment, ce n'est pas en employant les mêmes et invariables moyens de propagation, qu'il a passé, des grottes sauvages du désert, dans les synagogues de Jérusalem, dans les chaires philosophiques d'Alexandrie, dans les lycées de la Grèce, dans les associations politiques de Rome, et dans les conseils militaires des peuplades germaniques. Partout le christianisme a pris l'homme comme il le trouvait, faisant briller celle de ses lumières qui pouvait percer les préjugés qui le combattaient; partout, aujourd'hui encore, il marche par des voies différentes; et le disciple de la propagande romaine prêche autrement dans le Levant, que le disciple de Wesley à Sandwich et à Otaïti. Les Jésuites, au Brésil et au Paraguay, ne prêchaient pas comme à Paris, et, quoi qu'on ait dit, ils faisaient bien : ils attiraient du moins, à des croyances hautes et saintes et à la civilisation, ceux que la roide orthodoxie du jansénisme aurait laissé croupir dans leur sauvage ignorance et leurs dégradantes rêveries. Au dix-neuvième siècle, la morale chrétienne doit parler, à tous les hommes, son langage pur et sévère ; la vie du Christ doit être présentée en exemple, comme celle d'un martyr de la liberté et des saintes lois du devoir ; c'est par là que se rallieront au respect du catholicisme lui-même, tous ceux qui ne veulent pas de son régime et de sa hiérarchie ; la philosophie elle-même se prosterne : et Jean-Jacques Rousseau a dressé la profession de foi de tous les sages sur le Christ et sur son Évangile. Qu'on laisse donc passer en paix l'histoire humaine de sa vie : elle vaut mieux que les missions.

Mais sortons du point de vue chrétien, et replaçons-nous sous l'autorité du droit public qui nous régit. Que diraient donc les magistrats, si demain il s'élevait un historien consciencieux, qui, adorant l'humanité dans le Christ et dans la révolution chrétienne, ramenant tout à la mesure de l'homme par une critique savante et judicieuse, attaquerait toutes les traditions mystiques jusqu'ici établies? Sans doute aussi, on le traînerait devant les tribunaux, et on ne permettrait plus d'écrire l'histoire que selon cédule et selon jugement ! Une telle conséquence révolte. Eh bien pourtant, elle ressort du réquisitoire de messieurs du parquet ; car sans doute il n'y a pas d'immunité pour le format : et ce qu'on punit *in-32*, on ne le tolérerait pas *in-folio*.

En plaidant, avant les avocats eux-mêmes, la cause

de l'éditeur de l'*Évangile*, nous ne le cachons point, c'est notre cause que nous défendons, c'est la cause de la science ; la cause de toutes les religions. Nous la remettons maintenant à d'autres qui la feront vaincre, il faut l'espérer ; nous la remettons surtout à l'équité des magistrats : l'arrêt sur ce petit livre est aussi important, selon nous, à la liberté publique, que l'arrêt sur les Piétistes et sur la dénonciation Montlosier. C'est aux feuilles qui nous ont traités d'absolutistes et de rêveurs, quand nous plaidions pour la liberté de nos ennemis, à voir si nos craintes pour la philosophie n'étaient déjà pas trop fondées, et s'il n'est pas temps enfin de se rallier sans calcul autour du seul principe qui peut donner le repos aux consciences et la paix au pays. P. D—s.

L'ÉTOILE. — 11 *Septembre* 1826.

Un journal s'étonnait hier que MM. les gens du roi eussent vu une offense à la morale religieuse et à la religion de l'état dans la publication d'un Évangile, faisant partie de la *Bibliothèque populaire*, et dans lequel le sauveur du monde n'apparaît plus avec l'empire que Dieu lui donna sur l'univers, ni avec les preuves de sa mission divine, mais où l'on voudrait le représenter comme un philosophe, dissertant sur la morale, après avoir fait disparaître tout ce qu'il y a de miraculeux dans sa vie.

Le rédacteur se prononce contre la doctrine du parquet, et soutient qu'à cause de la liberté accordée aux cultes protestans, on peut attaquer toutes les vérités catholiques qui ne sont pas admises par les réformés ; et qu'à cause de la tolérance accordée aux juifs, on peut nier la divinité de Jésus-Christ : sans quoi, dit-il, ni la religion protestante, ni la religion juive, ne seraient libres.

En admettant, comme légales, les controverses entre les différens cultes, en quoi ce droit justifierait-il l'action de ces hommes qui mutilent le livre de la foi des chrétiens, non comme protestans, non comme juifs, mais uniquement comme ennemis de la religion catholique, de la religion de l'état?

MM. Touquet, Marchand-Dubreuil, Brière, Mongie, etc., sont-ils des protestans, sont-ils des juifs? A qui s'adressent-ils? Ici, il est trop facile de répondre : ils ne sont ni juifs ni protestans.

En effet, les protestans reconnaissent les miracles et la divinité de Jésus-Christ; les juifs n'admettent pas l'Évangile, et le repoussent sous toutes les formes. C'est donc une action qui n'est faite dans l'intérêt d'aucune religion, que toutes les religions condamnent, et qui n'est plus dès-lors qu'une attaque formelle à la religion de l'état, une mutilation du livre de sa loi. Il ne faut donc plus que les rédacteurs du journal auquel nous répondons, affectent de défendre les intérêts des cultes reconnus en France; il faut qu'ils aillent plus loin, qu'ils expriment toute leur pensée, qu'ils disent que la liberté des cultes qu'ils voient dans la charte, est une liberté qui entraîne le mépris de toute espèce de culte, un véritable athéisme social. Si la charte avait consacré cette monstrueuse doctrine, la charte serait une œuvre d'impiété qu'il faudrait réformer à l'instant. Mais il n'en est point ainsi : et le fondateur de la charte a été si éloigné d'une pareille pensée, qu'il a déclaré la religion catholique la religion de l'état.

Il faut donc que ce journal soutienne qu'il n'y a aucune vérité religieuse sur la terre, pour que son système soit admissible; car s'il dit qu'il y a une vérité de ce genre, il y a à l'instant des rapports entre Dieu et l'homme. et comme l'homme n'est pas seul, et qu'il vit en société avec d'autres hommes, il ne peut reconnaître Dieu sans en donner aucun signe au reste des hommes; car, soit qu'on l'envisage comme membre de la société, soit qu'il se considère comme chrétien, il doit donner l'exemple à ceux qui le regardent, en proclamant les vérités qu'il croit, et faire participer ceux qui l'entourent au bonheur qu'il éprouve : donc, la nécessité d'un culte ou de signes extérieurs, pour manifester les rapports entre Dieu et l'homme.

« Aussi voyons-nous, dit Fénélon, que tous les peuples qui ont adoré quelque divinité, ont fixé leur culte à quelques démonstrations extérieures qu'on nomme des cérémonies. Dès que l'intérieur y est, il faut que l'extérieur l'exprime et le communique dans la société. Il faut chercher une certaine uniformité de signes qui représente l'union des cœurs et qui empêche le désordre dans le culte commun. Quand Dieu n'a point réglé ces cérémonies par des lois écrites, les hommes ont suivi la tradition, dès l'origine du genre humain. Quand Dieu a réglé ces cérémonies par des lois écrites, les hommes ont dû les observer inviolablement. »

On disait à Voltaire : « Mais si l'on présume des rapports entre cet être incroyable et nous, il faudra lui élever des autels, et il n'y a qu'un pas de l'adoration à la superstition ! »

« Le grand mal, répondait-il, de s'assembler, au temps des moissons, pour remercier Dieu du pain qu'il nous a donné! Où est le mal de charger un citoyen, qu'on appelle un vieillard, un prêtre, de rendre des actions de grâces à la divinité, au nom des autres citoyens! L'état du sacerdoce est un frein qui force à la bienséance.

» Un sot prêtre excite le mépris; un mauvais prêtre inspire l'horreur; un bon prêtre, doux, pieux, sans superstition, charitable, tolérant, est un homme qu'on doit chérir et respecter. Vous craignez l'abus? et moi aussi. Unissons-nous pour le prévenir; mais ne condamnons pas l'usage, quand il est utile à la société. »

L'existence d'un culte, quel qu'il soit, proclame au moins cette vérité, que l'homme doit rendre hommage à un être supérieur à lui, à qui il doit la vie; et les erreurs qui appartiennent à ce culte, peuvent être l'objet d'une croyance de bonne foi, de la part de ceux qui l'observent.

Mais l'homme qui ne suit aucun culte, fait une profession explicite d'athéisme; il nie extérieurement l'hommage qu'il doit à Dieu; il détruit, autant qu'il est en lui, la société humaine, qui ne peut exister nulle part, sans la croyance d'un Dieu rémunérateur et vengeur. Et qu'importe que mentalement il croie à une cause première, quand les autres hommes le voient vivre comme s'il n'y croyait pas, quand il se sépare de toutes les manières qu'ont les hommes de manifester leur adoration pour un être suprême.

Il n'y a point de religion sans un culte extérieur et public. C'est par la religion que le peuple tient à la morale; c'est par le culte qu'il tient à la religion. La religion consiste bien plus dans les sentimens que dans les opinions; elle appartient plus au cœur qu'à l'esprit. Or, le sentiment a besoin de se produire et d'éclater par des actes extérieurs : le culte est donc l'expression naturelle et nécessaire des sentimens religieux.

On comprend donc la liberté, la tolérance, accordées à l'erreur qui peut revenir, qui peut être de bonne foi, mais non jamais à l'athéisme, à la déclaration extérieure, authentique, qui n'appartient à aucune communion entre les hommes.

Tout ce que nous disons n'est pas seulement fondé sur la raison, mais encore sur l'autorité du droit qui nous régit.

La charte, en déclarant que la religion catholique est la religion de l'état, proclame cette grande vérité, que l'état est une personne morale, qui a des besoins, des intérêts, des dangers, qui doit donc recourir à la divinité; car il ne peut subsister sans une morale publique, qui elle-même n'aurait aucun fondement, sans une religion publique, puisqu'alors l'athéisme social propagerait rapidement l'athéisme individuel.

Et voyez que cette reconnaissance de la charte n'est pas un vain mot! Lorsque le saint sacrement sort des temples, les maisons de tous les citoyens) de quelque culte qu'ils soient) doivent être tapissées; les dimanches, les travaux sont interrompus, quoique pour les juifs ce soit le samedi qui est le jour du repos; et les outrages envers le dieu des catholiques sont punis par la mort, de la part d'un juif même qui nie la divinité de Jésus-Christ, ou d'un protestant qui ne croit pas à la présence réelle.

L'état, en cela, agit toujours comme une personne morale; il ne peut forcer les citoyens à croire à sa religion, parce que sa religion doit être le fruit de la persuasion, et que la persuasion ne s'opère pas par la violence : mais il punit ceux qui troublent l'exercice du culte, ceux qui refusent de se conformer aux règlemens de police, établis par le magistrat en faveur de la religion.

Il résulte donc incontestablement de tout ce qui précède, que l'Évangile, tel qu'il nous est transmis, étant le livre de la religion catholique, et cette religion étant la religion de l'état, une mutilation de ce livre qui n'est faite pour défendre aucun culte, est une offense à la religion de l'état et une profession d'athéisme social, ou, si l'on veut, de ce déisme, qui n'est, selon la belle expression de Bossuet, qu'un *athéisme déguisé*.

DÉBATS JUDICIAIRES.

POLICE CORRECTIONNELLE.

Audience du 12 Septembre 1826.

M. DUFOUR, Président.

M. CHARDEL, } Juges.
M. HÉMAR, }

M. LEVAVASSEUR, Avocat du Roi.

Prévenus.

M. l'ex-Colonel TOUQUET, Libraire, Éditeur responsable de l'*Évangile*.

M. MARCHAND-DUBREUIL, Imprimeur.

M. BRIÈRE,
M. MONGIE,
M. LEFÈVRE,
M. TERRY (*),
Madame LAINÉ, } Libraires-Distributeurs.

Il est trois heures dix minutes; un grand nombre de savans, d'hommes de lettres, de libraires et d'avocats, remplissent la salle d'audience.

Les Prévenus prennent leur place sur le banc des filous.

(*) M. Terry a fait défaut; on trouvera ci-après, pag. 51, l'explication de ce procédé.

Interrogés sur leurs noms, prénoms, âges, professions, ils reconnaissent l'ouvrage incriminé : l'ÉVANGILE, *partie morale et historique*, vol. *in*-32, de 128 pages.

M. LEVAVASSEUR, Avocat du Roi, a la parole :

MESSIEURS,

Il est un livre, que dix-huit siècles d'hommages ont placé à la tête de tous les livres, un livre, qui, partout où il a été publié, a épuré les mœurs, adouci les sentimens, dissipé les ténèbres de l'ignorance et de l'idolâtrie, aboli l'esclavage, civilisé les barbares, rajeuni les nations usées par les excès de la civilisation elle-même, et opéré enfin dans le monde la plus étonnante comme la plus heureuse révolution que jamais ait éclairée le soleil; un livre, où la piété va chercher ses plus douces consolations, le législateur le modèle le plus parfait de ses lois, le moraliste les plus saintes règles de la morale, l'homme de lettres ses plus touchantes inspirations, le philosophe enfin l'objet de ses plus hautes contemplations; un livre, dont la majestueuse simplicité força souvent l'admiration de ses ennemis eux-mêmes, et devant lequel chacun sait que le sceptique Jean-Jacques voyait, en quelque sorte malgré lui, s'abattre l'orgueil de ses préventions. Ce livre, Messieurs, est-il besoin de le nommer?.... Et malgré l'imperfection des traits sous lesquels nous venons de vous le présenter, qui de vous, dans cet auditoire, n'a déjà nommé l'*Evangile?*

L'Evangile !..... A ce nom, les cœurs sont pénétrés d'un saint respect, et tous les fronts s'inclinent.

Cependant ce livre, qui a comprimé les passions avec tant de force, a vu les passions à leur tour se déchaîner contre lui. Depuis près d'un siècle, une secte, son ennemie, s'est élevée, qui a cherché par tous les moyens imaginables à détruire l'autorité qu'il pouvait avoir sur les hommes; et pour cela, tout a été mis en usage; on a contesté l'authenticité de son caractère, la vérité de ses récits, l'autorité de ses préceptes. Vains efforts! Inutiles clameurs! L'Evangile est resté debout; et il a continué de régner sur tous les hommes honnêtes et vertueux, comme il a continué d'exercer sa bienfaisante influence sur les peuples éclairés de sa lumière.

Toutefois, Messieurs, des moyens nouveaux ont été employés contre ce livre. Les passions ne se sont point découragées par l'inutilité de leurs efforts. Qu'ont-elles fait? Il y a peu de tems, on apprend tout à coup qu'une nouvelle édition de ce livre divin va être livrée au public : mais, chose étrange! cette édition sort de ces mêmes presses (nous le disons avec regret, la vérité nous y oblige), de ces mêmes presses jusqu'à présent habituées à vomir l'impiété et le blasphême (*). Ce n'était pas assez; cette édition paraît sous ces formes légères, qui, depuis un certain temps, recèlent le mensonge et la calomnie (**). On se demande l'explication de ce mystère, on cherche la solution de ce problême; on les trouve bientôt. On prend le livre, on l'ouvre, on lit.... tout est expliqué.

C'est l'Evangile! mais non pas tel que nous l'ont transmis les apôtres, portant en lui-même les traces de l'autorité divine qui daigna le donner aux hommes. C'est l'Evangile! mais altéré, tronqué, défiguré, dépouillé enfin de tout ce qui peut le rendre respectable aux peuples. A cette nouvelle,

(*) L'accusé a pris pour règle de sa conduite, de ne jamais répondre aux injures; il ne veut pas se départir de cette vieille détermination. (*Note de l'Éditeur.*)

(**) Cette accusation est d'un genre différent. Il y sera répondu

un sentiment involontaire d'indignation se fait sentir dans tous les cœurs ; de toutes parts, s'élèvent des réclamations unanimes. La religion demande vengeance, pour l'attentat sacrilége qui vient d'être commis contre l'ouvrage qu'elle regarde comme son fondement. La société elle-même voit chanceler ses bases ébranlées ; la morale demande ce qu'on a fait de l'autorité sur laquelle elle s'appuyait. Les pères de famille enfin sont effrayés de voir les préceptes, qu'ils donnent à leurs enfans, dépouillés de toute sanction religieuse.

Ces alarmes ont frappé l'oreille du ministère public, qui n'y est point resté sourd ; et l'honorable tâche de défendre la morale outragée a été remise entre mes mains.

Heureux, si, m'essayant, en quelque sorte, aujourd'hui pour la première fois, dans un combat où je suis tout nouveau, je ne compromets pas, par la faiblesse de mes armes et l'inexpérience de mes efforts, le succès d'une cause aussi belle, pour laquelle je verserais avec joie, s'il le fallait, jusqu'à la dernière goutte de mon sang !

J'ai donc à justifier cette double prévention d'*outrages à la religion de l'Etat et à la morale religieuse.* Ouvrez le livre, vous verrez que tout y a été altéré. Ce sont, il est vrai, les propres paroles des écritures sacrées : on n'en a rien changé. Mais on a supprimé tout ce qui donnait à ce livre l'empreinte de la divinité. Ainsi, tous les mystères qui y étaient enseignés à notre croyance, en ont été effacés. De même qu'une main prudente a quelquefois purgé les livres classiques de ce qui pouvait choquer les bonnes mœurs, il semble qu'on ait voulu, par un étrange renversement d'idées, faire une édition de l'Evangile, purgée de tout ce qui peut le rendre respectable aux hommes.

J'envisagerai, sous trois rapports, le premier chef de prévention, qui est celui d'*outrage à la religion de l'Etat et aux autres religions chrétiennes reconnues en France.*

Ce délit a été commis:

1° Par le mépris public des saintes écritures;

2° Par la négation formelle des prodiges de l'Homme-Dieu, qui ont attesté sa toute-puissance aux hommes, et prouvé la divinité de sa mission;

3° Par la négation également formelle de la divinité du Christ, et conséquemment par l'outrage le plus complet qu'il ait été possible de faire à la religion de l'Etat.

Mais avant de discuter ces différens points, je veux tracer nettement ma position. Ce n'est pas seulement au nom de la religion de l'Etat que la poursuite a lieu; c'est aussi au nom de nos frères séparés; ce n'est pas seulement la religion catholique, c'est le christianisme tout entier, que nous venons défendre. Genève et Rome sont également intéressées dans cette cause. Genève est outragée comme Rome; Genève, comme Rome, demande vengeance. Les protestans reconnaissent en Jésus-Christ le fils de Dieu; ils doivent donc faire cause commune avec nous : et c'est cette cause que Genève et Rome vont défendre par ma bouche.

Il ne me sera pas difficile, Messieurs, d'établir qu'il y a eu profanation des saintes écritures.

L'Evangile n'est pas, comme les livres des hommes, dans lesquels il est permis de prendre ce qui plaît et de laisser ce qui ne convient pas. L'Evangile est un livre divinement inspiré; c'est là la conviction de l'état, la base du christianisme entier. L'Evangile est un livre divinement inspiré; donc tout y est également sacré, vénérable, divin : et on ne peut sans crime en retrancher une syllabe, comme on ne pourrait sans crime y ajouter un *iota*. Eh bien! celui qui se permet (comme a fait l'éditeur que nous poursuivons) de prendre à son gré, et en suivant les caprices de son esprit ou les répugnances de son orgueil, ce qui lui convient dans l'Evangile, et de laisser ce qui lui déplaît, ne doit-il pas être considéré comme méprisant également toutes les parties de ce livre sacré ?

Une loi salutaire, rendue récemment, a porté des peines sévères contre la profanation des vases sacrés, contre la mutilation des monumens religieux.... Et l'on voudrait tolérer la profanation, mille fois plus coupable, des saintes écritures ! Qu'est donc, je le demande, l'or de nos calices, en comparaison de la parole de Dieu ? Que sont les pierres de nos temples, en comparaison de ce roc de vérité, sur lequel s'appuie l'édifice du christianisme tout entier ?

Mais, dira-t-on (et c'est ici la première objection à laquelle je crois d'avance devoir m'arrêter), c'est un extrait que nous avons fait de l'Evangile. De tout temps, ces choses ont été d'usage. Nous en avons mille exemples ; et on a vu les hommes les plus recommandables avoir recours à de semblables moyens, pour mettre à la portée de tous les vérités saintes contenues dans les livres que tous ne peuvent pas lire.

Je sais que souvent la piété a eu recours à de semblables moyens, que des extraits de nos saintes écritures ont été mis à la portée de ceux qui n'auraient pu les supporter tout entières. Mais voyez la différence qui existe entre ces véritables actes de religion et l'ouvrage que nous poursuivons aujourd'hui.

Cette différence résulte de deux circonstances : des titres sous lesquels les livres véritablement religieux ont été publiés, titres bien différens de celui de l'ouvrage incriminé ; du but que se sont proposés ceux qui livraient ces ouvrages religieux à la publicité, but bien différent de celui que manifeste l'auteur de l'extrait monstrueux qui excite aujourd'hui toute notre indignation.

Le titre des ouvrages religieux, dont nous parlons, annonçait qu'il s'agissait de l'abrégé, de l'extrait d'un livre saint. Mais ici, il n'en est pas de même. Que remet-on entre les mains du peuple? Est-ce un extrait de l'Evangile? Non. C'est l'Evangile lui-même! Voyez le titre : ÉVANGILE!.. Il est vrai qu'on ajoute en très-petits caractères : *partie morale et historique.*

Ce titre est fait pour séduire l'âme grossière de la partie ignorante du peuple. En voyant ce livre, il devra croire qu'il a l'Evangile entre les mains. Il ne pourra penser qu'il n'en a qu'un extrait informe, une compilation grossière, mutilée, défigurée. Il existe donc une différence immense entre le livre du sieur Touquet et les extraits dont nous parlions tout-à-l'heure.

Il est une autre différence qui frappe également les regards : c'est le but que s'est proposé l'éditeur. Est-il possible de se méprendre sur ce but? Quel était celui des auteurs religieux dont on invoque l'exemple? c'était évidemment de servir les intérêts de l'Eglise et de rendre plus populaires en quelque sorte et plus aimables les vérités de notre sainte religion. Mais dans la publication actuelle, en est-il de même?

Descendez dans vos consciences, Messieurs; ou plutôt interrogez la conscience publique. Entendez ce concert de réclamations élevées de toutes parts. Que signifient-elles? Personne ne s'est mépris sur le but de l'éditeur : celui de détruire l'Evangile et l'Eglise qui le regarde comme la base et le fondement de son autorité, de renverser le christianisme, qui ne peut subsister que par l'autorité salutaire de ce livre divin.

Il n'est pas dans mon plan, ni dans l'accomplissement de mes devoirs, d'entrer ici dans une discussion théologique. Il ne m'appartient pas de justifier des faits que l'église reconnaît comme certains, de démontrer la réalité de prodiges auxquels elle se soumet aveuglément. Peut-être, si une semblable discussion nous était ouverte, les argumens ne nous manqueraient pas pour établir que ces prodiges, ces faits merveilleux que nous croyons, sont fondés sur les preuves les plus positives qui aient été produites. Peut-être, pourrions-nous réussir à prouver que, comme l'a dit un illustre apologiste du christianisme, les miracles de Jésus-Christ sont plus établis, plus certains, que les faits d'Alexandre et de César, dont personne ne doute.

Mais je dois me renfermer dans les bornes de mon ministère, et vous démontrer que le but de la publication a été d'affaiblir, de détruire, parmi le peuple, la foi que nous devons avoir dans les miracles opérés par Jésus-Christ, et qui nous sont enseignés par l'église.

On nous dit : « Ces miracles, jamais nous n'avons eu intention de les nier; jamais nous n'avons voulu les contester : seulement nous gardons le silence; et peut-on imputer à crime le silence que nous croyons devoir conserver sur des faits qu'il n'est pas pour nous d'obligation légale de croire ? »

Vous ne les niez pas ! pitoyable raison ! C'est ce silence affecté qui contient en lui-même la négation la plus formelle. Le silence sur certains faits devient, dans une foule de cas, la preuve que l'on ne croit pas à ces faits.

Et pour employer ici quelques exemples, qu'un homme vienne dire que le monde est éternel, qu'il s'est formé de la réunion fortuite des atômes, ou bien qu'il mette en avant quelques uns de ces systèmes inventés par l'orgueil de la raison humaine, si je reproche à cet homme d'avoir détruit le précepte de l'existence d'un Dieu créateur, aura-t-il le droit de venir me répondre : *Je ne nie pas la création; je n'en parle seulement pas.*

« Qu'un autre avance que l'homme sur cette terre est le jouet d'un aveugle destin, qu'il descend tout entier dans la tombe, aura-t-il le droit de me dire : *Je ne nie pas la Providence, je ne nie pas l'immortalité de l'âme, je n'en parle pas.*

« Vous n'en parlez pas ! c'est justement pour cela que vous le niez. De même, dans les circonstances actuelles, le silence gardé sur des faits que nous devons croire, équivaut à la négation de ces faits.

Par le titre de l'ouvrage et par la préface qui le précède, quel était l'engagement pris par l'éditeur ? C'était de raconter l'histoire de l'Evangile, et par conséquent l'histoire du fils de Dieu. Voilà ce qu'il promettait ! ses engagemens ont-ils été remplis ? Il devait non seulement remettre sous les yeux de ses lecteurs les événemens extraordinaires et prodigieux de la vie de l'envoyé de Dieu, les miracles, en un mot, qui ont signalé son passage sur cette terre.

Pourquoi ne parle-t-il pas de ces miracles ? Faut-il le demander ? C'est qu'il n'y croit pas ! C'est que ces miracles, que l'Evangile nous enseigne, il les range dans la cathégorie des chimères et des fables ! C'est que ces événemens miraculeux, il les regarde comme propres seulement à amuser la crédulité des femmes et des enfans, et comme indignes de fixer la majesté de l'histoire et l'attention du sage !

Quelles conséquences doit-on tirer de publications de cette espèce ? C'est qu'elles sont faites pour porter le mensonge et l'incrédulité parmi le peuple ; c'est que leur bas prix, leur titre même (*Bibliothèque populaire*) indiquent suffisamment leur objet ; c'est qu'on a eu l'intention coupable, en livrant aux classes peu éclairées l'Evangile dépouillé des miracles qui en font la base, de leur faire croire que tous ces miracles ne sont que des fables ; de les conduire par là au mépris de la religion et de l'Eglise, au mépris de Jésus-Christ lui-même.

C'est par des prodiges, par des miracles, qu'il a plu au fils de Dieu de manifester sa puissance, d'établir l'autorité qu'il est venu exercer au milieu de nous. Supprimez ces miracles : Jésus n'est plus que le fils de Marie, dépouillé de toute espèce de mission. Rien n'indique plus sa divinité. Ce sera un imposteur, un hypocrite (pardonnez-nous ce blasphême); ce ne sera plus qu'un usurpateur, qui ne méritera que le mépris et la détestation des hommes !

Il est une considération, Messieurs, qui conviendrait mieux peut-être à la sainteté de la chaire sacrée qu'à la gravité de cette audience, mais qui présente une analogie frappante avec la cause. Les ennemis de l'Homme-Dieu, après s'être emparé de lui par trahison, après avoir exercé sur sa personne les plus odieux traitemens, après l'avoir couvert des signes de la dérision, l'avoir revêtu d'un manteau d'écarlate, lui avoir donné un roseau pour sceptre et une couronne d'épines pour diadême, le présentèrent au peuple, et dirent : « Voilà l'homme ! voilà le roi d'Israël ! » voilà celui qui réclame vos hommages ; regardez-le ; voyez » dans quel état il se trouve ! » Quel sentiment pouvait-il inspirer ? Il est dépouillé des marques de sa dignité.

La conduite de l'éditeur que nous poursuivons, n'a-t-elle pas des rapports frappans avec celle de ses persécuteurs ? Il présente la vie de l'Homme-Dieu dépouillé de son caractère divin, des miracles qui attestent son pouvoir ; et il dit au peuple : « Voilà celui qu'on vous dit d'adorer comme un » Dieu ! Ce n'est qu'un homme. Le reconnaissez-vous pour » Dieu à de semblables traits ? Est-ce là ce Dieu qui multiplia » les prodiges comme il a multiplié les étoiles au firmament, » qui commanda à la mort et sut s'en faire obéir ; ce Dieu » qui, par un effort de son amour, voulut descendre au

» tombeau, en sortit glorieux et triomphant le troisième » jour, malgré les précautions de ses ennemis, et s'élança » dans les cieux à la vue de cinq cents disciples assemblés? » Non : ce n'est pas lui! Voyez-le dans l'état où nous vous » le présentons : et cessez de baisser devant lui un front » superstitieux. »

Après avoir ainsi établi le mépris public des saintes écritures, la négation formelle des miracles, et par suite celle de la divinité de Jésus-Christ, M. l'Avocat du roi s'attache à en déduire le délit d'*outrage envers la religion de l'Etat et toutes les religions chrétiennes reconnues en France.*

Messieurs, dit-il, il y a outrage envers la religion de l'État; et s'il pouvait s'élever quelque doute dans vos esprits, si le simple énoncé de cette proposition ne suffisait pas pour porter la conviction dans vos âmes, je pourrais ouvrir le livre de nos lois, et montrer les moyens employés devant les chambres pour développer les intentions du législateur. Vous verriez qu'il voulait comprendre dans ces outrages la négation des saints mystères.

« Outrager en les niant, disait M. le rapporteur de la loi » devant la chambre des députés, ces dogmes sacrés pour » tous les Chrétiens, tels que l'existence de Dieu, les ré» compenses et les punitions futures, la divinité de Jésus» Christ; outrager ces dogmes en osant les mettre en doute, » c'est outrager la religion de l'état ».

Mais, dira-t-on, une interprétation si large est de nature à atténuer la liberté de conscience. Que deviendra cette liberté chez les Juifs, si la simple négation constitue un outrage à la religion de l'état? Ce n'est pas là ce que le législateur a voulu entendre. Quant aux Juifs, je doute fort qu'ils prennent la défense de l'éditeur de cet ouvrage. Ils pourront se rappeler qu'il a concouru à répandre les œuvres de l'homme qui les a le plus poursuivis par ses sarcasmes. Ils savent aussi que le sieur Touquet prépare la publication d'autres livres, qu'ils regardent comme sacrés, comme fondement de leur doctrine. Le sieur Touquet a annoncé qu'il publierait la *Bible* dans le même format, au même prix; probablement cette publication sera faite dans le même esprit. »

M. l'Avocat du roi établit ici que la controverse est libre entre les membres d'une religion et ceux d'une autre religion; mais il soutient que ceux qui n'ont pas de religion, ne peuvent attaquer celles qui sont en vigueur. . . . .

S'agit-il au reste ici d'une controverse! Non, il s'agit d'une falsification de nos livres sacrés.

Dira-t-on que la loi sur ce point n'a pas défini l'outrage, comme elle l'a fait relativement aux outrages dirigés contre les citoyens? Je répondrai qu'elle a dû laisser aux magistrats l'appréciation de l'outrage fait à la majesté divine, ou à la majesté royale. Elle a pensé, avec raison, qu'elle ne devait pas renfermer cette appréciation, dans des bornes trop étroites. Elle s'en est rapportée, sur ce point, à l'impression reçue, au sentiment produit.

M. le garde des sceaux disait dans l'exposé des motifs de la loi : « Si une attaque portée contre l'autorité royale devait » rester impunie, parce qu'elle ne serait pas assez formelle; » ce serait par un excès scandaleux. C'est donc à la conscience » des magistrats que le législateur s'en rapporte entière- » ment. »

C'est avec toute confiance que je puis à mon tour invoquer cette conscience du magistrat. Vous avez pu lire l'ouvrage : dites-moi quelle impression il a produite sur vous.

L'impression que vous avez éprouvée, ne peut s'expliquer; elle a été toute involontaire. Vous avez vu le but de l'auteur; cela suffit, si vous êtes convaincus.

Il me reste à prouver qu'il y a *outrage envers la morale religieuse.*

Qu'entend-on par *morale religieuse?* C'est la morale positive, qui découle d'une religion positive; ce sont les principes formels, qui sont le résultat d'une religion formelle; les principes émanés d'une autorité qui avait le droit de les imposer aux hommes. Ainsi, en parlant de *morale religieuse*, en défendant de l'attaquer, la loi a eu pour but de protéger la morale catholique et toutes les religions chrétiennes reconnues légalement en France.

M. l'Avocat du roi insiste sur ces considérations, et conclut contre le sieur Touquet à un an de prison et 4,000 fr. d'amende.

Relativement à l'Imprimeur et aux Libraires mis en cause, il déclare s'en rapporter à la prudence du Tribunal, pensant qu'ils ont pu agir de bonne foi, et être induits en erreur par le *titre* du livre.

Il se réserve d'intenter, contre MM. Touquet et Marchand-Dubreuil, une action pour contravention à la loi de 1814, à raison de leur déclaration incomplète de la *Bibliothèque populaire.*

M. le Président : Sieur Marchand-Dubreuil, à quel nombre d'exemplaires avez-vous imprimé cet ouvrage?

M. Marchand-Dubreuil : A trois mille.

M. le Président : Attendu l'heure avancée, et comme la cause ne pourra être entièrement plaidée aujourd'hui, le tribunal va la remettre à un autre jour.

M. Touquet (*à mi-voix, s'approchant de M. le Président*) : Nous sommes ici depuis neuf heures; M. l'Avocat du roi s'en rapporte à la justice du tribunal pour mes co-prévenus, et ne conclut que contre moi; personne n'a d'avocat : je ferai, si le tribunal le permet, quelques observations, dont la lecture ne durera pas plus de dix minutes.

M. le Président : Parlez.

M. Touquet prend la parole, et prononce le discours suivant :

Messieurs,

Appelé devant vous pour répondre et m'expliquer en personne sur la publication de l'Evangile (partie *morale* et *historique*), l'issue du procès qui m'est intenté m'a paru si peu douteuse, que je n'ai pas regardé une défense dans les formes comme nécessaire au gain d'une cause que le bon sens seul peut juger.

Un plaidoyer d'avocat, emportant d'ailleurs avec lui l'exposition et la discussion de tous les principes qui se rattachent à la haute et grave question soulevée par le réquisitoire de M. le Procureur du roi, aurait à mon sens, dans l'intérêt bien entendu de la Religion de l'Etat que l'on prétend venger des offenses que je lui aurais faites, plus d'inconvéniens que la publication de tous les *in*-32 possibles.

Je me bornerai à de simples explications; vous saurez apprécier mes motifs.

Je commence par assumer l'entière responsabilité de l'ouvrage incriminé : et je vais le disculper. Pour remplir cette tâche, je n'aurai que des faits à citer; je ferai ensuite quelques observations sur les conséquences d'une condamnation, si elle était prononcée.

Je n'ai jamais été cité devant vous, Messieurs; ce procès est le premier que m'intente l'autorité.

Il y a plus de six ans, que j'ai donné, *à bas prix*, le premier ouvrage *in*-32, la *Charte à cinq centimes*, octroyée par le feu Roi. Depuis lors, cette publication a été le point de mire de toutes les feuilles ministérielles et de la contre-opposition. Il avait suffi qu'un mauvais plaisant accolât mon nom à celui de la Charte, pour que tous les zélateurs de l'arbitraire concourussent à me faire une réputation. Et comme si ce concert d'injures n'eût pas satisfait mon ambition, un misérable sur le tombeau duquel l'épitaphe de *septembriseur* est déjà gravée, un spadassin condamné pour banqueroute, ont, dans le vain espoir de s'assouvir, publié contre moi deux biographies bien calomnieuses, bien ordurières, bien diffamatoires, dont le mépris public a fait une justice plus éclatante peut-être que celle que je n'ai pas demandée aux tribunaux.

Ces particularités, qui semblent étrangères à la cause, s'y rattachent en ce sens que, si je fais un grand commerce des *in*-32, je tiens à ne pas être confondu avec ceux qui, par des publications scandaleuses, ont jeté le trouble dans les familles, et compromis volontairement, et pour un peu de pain, la plus précieuse de nos libertés.

Et gardez-vous, Messieurs, d'attribuer cette solennelle déclaration de mes principes à la position dans laquelle je me trouve. Fatigué de la répéter verbalement, de l'écrire chaque jour, je l'ai fait imprimer fin de juillet; le dépôt en a été effectué le 5 août à la Direction de la Librairie; et les 7 et 8, je l'ai expédiée à mes correspondans, dans un temps où, certes, j'étais loin de soupçonner que l'*Évangile* pût être incriminé.

J'avoue toutes mes actions, Messieurs; l'hypocrisie n'est pas mon défaut.

Je reprends l'historique des faits.

Au mois de mai dernier, je conçus le projet d'une *Bibliothèque populaire ;* j'associai M. Brière à cette opération.

Les premières dispositions arrêtées, nous fîmes, par des motifs d'économie, imprimer à la fois, par M. Marchand-Dubreuil, les couvertures des huit premières livraisons de cet ouvrage dans l'ordre suivant :

I. Histoire de Pierre-le-Grand.	V. L'Évangile (*incriminé*).
II. Libertés de l'Église gallicane.	VI. La Grammaire.
III. Dictionnaire féodal.	VII. La Charte annotée.
IV. Histoire de Henri IV.	VIII. La Botanique.

Rien sans doute de plus innocent, de plus inoffensif, que l'ensemble de cette distribution.

Un succès inespéré couronna notre entreprise ; il fut fait quatre éditions des *Libertés de l'Eglise gallicane ;* le tirage du *Dictionnaire feodal* fut augmenté.

L'idée première de la *Bibliotheque populaire* m'appartenait; je proposai à M. Brière de me céder ses droits à l'opération; ils furent réglés à la 4e. livraison inclusivement. M. Brière n'eut aucune part à la publication de la 5e.

M. Marchand-Dubreuil, qui avait imprimé les quatre premières livraisons, a dû être complètement rassuré par le *titre* de la 5e.; les autres libraires, mes coprévenus, MM. Mongie, Terry, Lefèvre et Mme Lainé, sont dans le même cas. Tous étaient de bonne foi.

Si le livre est condamné, c'est moi qui les ai trompés, c'est moi seul qui dois subir la peine.

J'ai besoin, Messieurs, de vous dire toute la vérité sur la fabrication du livre incriminé.

L'*Evangile* devait entrer dans la *Bibliothèque populaire*; le *prospectus* du mois de mai l'avait annoncé; et j'ai dit déjà dans quel ordre fixé les huit premières livraisons seraient publiées. Chaque volume devait se composer d'environ 128 pages *in*-32.

Il était évident que la collection des quatre Evangiles ne pouvait pas entrer dans un volume.

Je recourus à la Concordance; je n'eus plus qu'un seul Evangile : et l'ouvrage fut réduit des trois quarts.

La Concordance ne pouvant entrer dans un seul volume, je résolus d'en faire deux; et à l'exemple de plusieurs théologiens, je divisai l'*Evangile* en deux parties, l'une *morale* et *historique*, l'autre *divine* et *miraculeuse*.

Quelle partie devait être publiée la première?... La *Morale* eut la préférence. C'est celle qui vous est déférée, et qui a été saisie le 9 août, par la raison, confidentiellement avouée, qu'elle ne contenait pas les *miracles*.

Dès le lendemain, j'envoyai la partie *miraculeuse* et *divine* à M. Marchand-Dubreuil, qui refusa de réimprimer les *Miracles de J.-C.*, par don Calmet, déjà imprimés avec privilége du Roi, en 1720.

Peu de jours après, ayant été informé, confidentiellement encore, par M. le Juge d'Instruction, du motif de la saisie, j'insistai de nouveau, avec aussi peu de succès, auprès de M. Dubreuil.

Enfin, le samedi 2 septembre, M. le Procureur du roi ayant daigné me confirmer, de voix vive, qu'il allait très-incessamment exercer des poursuites, et m'en dire succinctement les motifs, je m'empressai, dès le lundi matin 4 septembre, de faire constater, par un acte extrajudiciaire, le refus opiniâtre de l'imprimeur.

Voilà, Messieurs, ce que j'ai tenté inutilement, non pour ma justification (je ne crois pas en avoir besoin), mais pour éviter des débats publics.

J'ai été assigné devant vous le 5 au soir; et c'est alors seulement que j'ai appris, *officiellement* et *positivement*, que l'ouvrage est INCRIMINÉ, *dans son ensemble et dans ses détails*, comme contenant le double caractère d'*Offense et à la Morale religieuse et à la Religion de l'Etat*.

Je serais encore à m'expliquer comment la *Morale de l'Evangile* peut contenir, 1°. *Offense à la Morale religieuse*, qui ne peut être que celle de l'*Evangile*, et 2°. *Offense à la Religion de l'Etat*, fondée également sur la *Morale de l'Evangile*, si le mot *SUPPRESSION*, répété en tête de toutes les incriminations partielles, ne m'eût révélé la pensée qui a présidé au réquisitoire de M. le Procureur du roi.

Je comprends bien que ce n'est pas pour ce que j'ai fait que je suis en jugement, mais pour ce que je n'ai pas fait.

Sérieusement accusé, ma justification serait tout entière dans l'exposé des circonstances de la cause.

J'ai divisé l'Evangile en deux parties : l'une qui est imprimée.... vous savez pourquoi l'autre ne l'est pas.

Dans cette division naturelle, j'ai suivi l'exemple de l'auteur de la *Morale de l'Evangile* pour le Dauphin, et de don Calmet, auteur des *Miracles de J.-C.*

J'ai reproduit le texte de Sacy; j'ai évité toutes controverses; je ne me suis permis aucunes réflexions, aucuns commentaires; je n'ai rien falsifié, rien supprimé, rien ajouté; la préface n'est pas même de moi : saint Luc en est l'auteur.

J'ai annoncé, franchement et loyalement, que le livre que je publiais, et qui se trouve dans toutes les maisons d'éducation depuis deux siècles, ne contenait que la partie *morale* et *historique* de l'*Evangile*; je n'ai trompé personne.

J'ai donné comme *morale* ce qui m'a paru tel, et comme *historique* ce qui est tombé sous ma faible intelligence.

Je n'ai point infirmé les *Miracles*; et il n'y aurait, de ma part, que défaut de discernement, si j'avais réservé, pour la seconde partie, des faits historiques dans l'acception du mot.

L'Académie elle-même (si je n'avais eu d'autres autorités plus respectables), définissant le MIRACLE, *un acte de la puissance divine, contraire aux lois connues de la nature*, aurait dicté la division à laquelle je me suis arrêté.

Entre *dire* et *nier*, Messieurs, il y a la même différence qu'entre *s'abstenir* et *agir*. Le *silence* n'a jamais pu constituer qu'un délit impalpable.

Pour en créer un, le ministère public, à défaut de faits positifs, se voit réduit à incriminer des faits négatifs, des intentions au moins problématiques, et qui n'ont été manifestées par aucun acte extérieur. Mais les *suppressions* qu'il incrimine, en les supposant volontaires, ne constitueraient pas un délit; elles sont de l'essence de tous les livres ascétiques; et les Evangiles, dictés par l'Esprit saint, nous en offrent de nombreux exemples.

Que si j'admets l'accusation que je viens de repousser, que si je l'admets avec toutes les circonstances aggravantes développées par M. l'Avocat du roi; que si vous veniez à dire, Messieurs, que les faits de l'accusation sont aussi vrais que ma conscience les sait faux, que résulterait-il de votre déclaration?..... Non que j'aurais *offensé la Morale religieuse ou la Religion de l'État*, mais que j'aurais *exprimé*, PAR LE SILENCE, *des doutes sur les Miracles de la Religion catholique*: genre de délit qui n'est et n'a pu être prévu par aucune loi, dans un pays où tous les cultes sont également tolérés et protégés.

La Religion de l'État, dominante sans doute par le nombre des citoyens qui en font profession, n'est ni exclusive, ni intolérante. Le quaker comme le calviniste, l'anabaptiste comme le luthérien, le socinien comme le juif, obtiennent pour leur culte la même protection.

Aussi, chaque jour, un culte outrage impunément un autre culte, par la seule exposition de ses dogmes. Le protestant nie la présence réelle; le juif, la divinité de Jésus-Christ; l'anabaptiste, le plus essentiel de nos sacremens; le socinien, nos miracles les plus respectés, sans que personne les inquiète, parce que la Charte constitutionnelle et les lois de l'état protègent leurs erreurs.

S'il en était autrement, la liberté des cultes serait une cruelle déception, ou plutôt il n'y aurait de liberté d'aucune espèce; car la liberté individuelle, la liberté de la presse, la liberté de conscience, la pensée même, tomberaient sous l'empire de la Religion de l'État. Il ne vous resterait, Magistrats, qu'à descendre de vos siéges; l'État serait dans l'Eglise.

M. l'Avocat du roi réplique :

C'est pour la première fois que le sieur Touquet allègue le refus prétendu du sieur Marchand-Dubreuil d'imprimer la partie *miraculeuse* de l'*Evangile;* il n'en a point parlé devant le Juge d'Instruction. Son *prospectus* a été publié le 8 août; mais déjà le ministère public avait fait son réquisitoire.

M. Touquet : Mon *prospectus* était à l'imprimerie dès la fin de juillet; il a été déposé à la Direction le 5 août, il porte date des 7 et 8 août, jours de son expédition à mes correspondans; la saisie est du 9; je ne pouvais donc pas avoir connaissance des mesures que l'autorité n'avait peut-être pas encore arrêtées.

M. l'Avocat du roi, interrompant, reconnaît l'exactitude de ces faits, et continue :

Dans ce *prospectus*, le sieur Touquet annonce la publication d'une Bible *in*-32, qu'il n'aurait pas moins mutilée que l'*Evangile*. En supposant, d'ailleurs, qu'il eût imprimé à part les *Miracles*, cette publication n'eût point été un remède efficace au mal causé par la publication de la *Morale*. Qui donc aurait pu garantir que tous les lecteurs du premier ouvrage auraient pris soin de lire le second?

M. Touquet et ses coprévenus se lèvent et demandent tous à la fois, l'un à répondre aux assertions nouvelles de M. l'Avocat du roi, les autres à présenter quelques observations dans l'intérêt de leur défense personnelle.

M. le Président, au milieu de ces réclamations, avait clos les débats, et renvoyé au 20 septembre, pour prononcer le jugement. (Il était cinq heures un quart; les interrogatoires avaient tenu l'audience dix minutes; M. Touquet, un quart d'heure; M. l'Avocat du roi avait pris le reste du temps pour développer les préventions.)

On lit, dans une brochure publiée par le principal accusé, sous le titre de *Défense de l'Évangile*, les détails suivans qui la terminent, et que nous reproduisons.

MM. les Libraires et Imprimeur auraient probablement protesté de leur bonne foi, reconnue déjà par M. l'Avocat du roi; le principal accusé aurait dit :

Dans l'interrogatoire que j'ai subi devant M. le Juge d'Instruction, la seule question qui m'a été faite (si on peut donner ce nom à une déclaration) est celle-ci : *L'Ouvrage est incriminé comme contenant*, DANS SON ENSEMBLE, *outrage à la Morale religieuse et à la Religion de l'État.* J'ai prié le magistrat de préciser l'accusation : il a répété la question, j'ai répété ma réponse. Et l'instruction *officielle* a été terminée. Je n'avais pas là de place pour annoncer mon intention de publier les *Miracles*, que, dès le 10 août, j'avais proposé à M. Marchand-Dubreuil d'imprimer, d'après l'avis *confidentiel* qui m'avait été donné des motifs de la saisie de la veille. Entendez l'Imprimeur sur ce point ; j'ai fait constater sa persistance dans ses refus, par l'acte extrajudiciaire que voici.

Aucune loi ne condamne un Libraire à donner au complet, en une seule livraison, ni l'*Evangile*, ni la *Bible*, ni l'*Encyclopédie* ; et s'il a cru devoir les livrer partiellement, ce négociant a, contre ses souscripteurs, action civile, qu'il exerce ou qu'il n'exerce pas, sans que le ministère public ait droit d'intervenir dans les affaires de son commerce ; et quand même il exercerait cette action civile, et que ses souscripteurs seraient condamnés à acheter, vainement les tribunaux les condamneraient-ils à tout lire, ils ne liraient encore que ce qu'ils voudraient : les moyens d'exécution manqueraient.

Et M. Touquet aurait demandé, tant pour lui que pour ses co-prévenus, la restitution du livre saisi.

C'est ce que le Tribunal correctionnel va ordonner ; et il fera justice.

Et c'est dans cette confiance, que le soussigné n'a pas fait sa PROFESSION DE FOI (*).

TOUQUET.

(*) Voyez, ci-après, la Réponse de l'Accusé au Réquisitoire de M. l'Avocat du roi.

PLAIDOYER

QUE DEVAIT PRONONCER M^e^. LUCAS, EN FAVEUR DE M. TERRY (*).

MESSIEURS,

Je viens défendre devant vous le sieur TERRY (Louis), prévenu d'avoir vendu un ouvrage ayant pour titre : l'ÉVANGILE, *partie morale et historique*, incriminé comme contenant, dans son ensemble et dans ses détails, le double caractère d'*Offense à la Morale religieuse et à la Religion de l'État*, délits prévus par les art. 1er. et 8 de la loi du 17 mai 1819, et 1er. de la loi du 25 mars 1822.

L'art. 8 de la loi du 17 mai 1819 ne contenait, comme vous le savez, dans le projet du gouvernement, que les mots de *morale publique*. L'article parut insuffisant : la morale publique ne comprend en effet que la justice la plus étroite : *abstiens-toi de nuire*; et en défendant le mal, elle n'a que la sanction brutale de la force pour l'arrêter.

On pensa que la loi devait admettre une autre sanction, la sanction religieuse, c'est-à-dire, *Dieu et la vie future*. Le mot *religieuse* fut ajouté pour exclure l'*athéisme*,

(1) Le système de défense, que voulait développer M Terry, n'étant pas le même que celui qui avait été adopté par ses co-prévenus, il a consenti à faire défaut.

doctrine inconciliable avec l'ordre social qui repose en partie sur la foi du serment.

On reprochait à la loi d'être *athée*, elle se fit *déiste* et rien de plus. Elle n'admit la vérité dogmatique d'aucun culte, mais la vérité qui les domine tous, et plaça l'ordre social sous la protection de cette sanction universelle qu'elle appela (comme Bentham et les philosophes) *religieuse*.

Niez Dieu, niez la vie future, ou promettez ses récompenses aux méchans et ses peines aux bons : et alors vous attaquerez la *morale religieuse ;* et la société interviendra, non pour venger l'offense faite à Dieu, mais le trouble porté à son ordre, qui trouve son plus noble et son plus ferme appui dans cette sanction que vous niez ou que vous venez corrompre.

Mais ensuite, adorez ou n'adorez pas la Divinité dans la Vierge, dans le Christ, dans Mahomet ; il n'importe à la loi. Elle croit à *l'existence d'un Dieu*, et n'entend pas qu'on la nie ; mais elle ne nomme pas son *Dieu*. Elle ne prétend pas soutenir la Divinité spéciale que chaque religion adore, mais cette *existence d'un Dieu* que toutes présupposent. Elle ne se fait ni catholique, ni protestante, ni juive, ni mahométane, parce qu'elle n'est d'aucune religion, parce qu'elle est incompétente entr'elles. Elle croit en Dieu et à sa justice ; voilà sa foi, sa morale ; celle-là est de toutes les religions, voilà pourquoi elle la nomme *morale religieuse*.

Voilà toute la portée de la loi de 1819. Qu'y a donc ajouté maintenant celle de 1822, dans l'article cité ?

La loi de 1822 a été conçue dans cet esprit de protection générale qui est due à tous les cultes, et de respect réciproque qu'ils se doivent entr'eux. Elle n'a prétendu apporter aucune limite au droit de controverse, ni interdire l'attaque contre le dogme et les rites religieux de ces divers cultes; mais elle a voulu bannir de ces attaques l'arme de l'injure et de la dérision.

Ainsi, d'après la loi de 1822, le protestant reste libre de nier la divinité de la Vierge, le juif celle du Christ; mais l'un et l'autre ont à le faire avec ce sentiment de respect réciproque que se doivent les cultes entre eux, c'est-à-dire, sans outrage, sans dérision.

Maintenant, je le demande, comment peut-on invoquer, dans cette cause, l'esprit et le texte de ces lois?

J'admets, pour un moment, qu'il y ait, dans le livre poursuivi, négation de la divinité du Christ; mais y a t-il négation de l'existence de Dieu et de la vie future? Non, sans doute. Eh bien! en quoi la loi de 1819 peut-elle être applicable? Prouvez-nous qu'il y ait autre chose dans la loi que Dieu et la vie future? Prouvez-nous que la loi soit catholique plutôt que protestante, protestante plutôt que juive, etc., etc.? Prouvez-nous qu'elle n'est pas à la fois de toutes ces religions et d'aucune, qu'elle n'est pas dans le déisme qui les embrasse toutes? Prouvez-nous que le mot *religieuse* n'y ait point cette large signification? Prouvez nous enfin que *morale religieuse* et *morale chrétienne*, *catholique*, *juive*, soient des expressions synonimes?

La loi de 1819 met l'*outrage à la morale religieuse* dans l'*athéisme*. Certes, le livre poursuivi n'est point *athée:* donc, la loi est inapplicable.

La loi de 1822, art. 1er., ne vient point détruire l'art. 8 de la loi de 1819; la preuve contraire résulte de son texte, puisqu'elle se réfère à cette loi de 1819; et elle résulterait d'ailleurs de l'accusation même, qui combine ces deux articles et les invoque à la fois.

L'article 1er. de la loi de 1822 n'est qu'une addition à la loi de 1819; et en quoi consiste cette addition?.... à ne vouloir qu'aucun culte soit *outragé* ni *tourné en dérision.*

Croyance à l'existence d'un Dieu, voilà la loi de 1819. *Respect à tous les cultes*, sous quelque nom qu'ils l'adorent, voilà la loi de 1822.

Le manque de respect ou l'outrage envers un culte, une croyance, ne consiste, ni dans la controverse, ni dans la négation; autrement, l'art. 1er. de la loi de 1822 anéantirait l'art. 8 de la loi de 1819 auquel il se réfère, lequel anéantirait à son tour l'art. 5 de la Charte. L'outrage consiste dans l'emploi de l'injure, de la dérision.

Les motifs de la décision de l'empereur de Chine (1), rendue sur le rapport de son tribunal des rites, par laquelle il abroge les sentences précédemment portées contre les Jésuites, peuvent servir de fidèle commentaire à la loi de 1822 : *Il est un Dieu*, y est-il dit, *et ce Dieu ne s'offense pas de la diversité des noms qu'on lui donne.*

Voilà comme parle la loi de 1822; voilà aussi comme l'a fait parler la Cour royale de Colmar, en disant que *les doctrines particulières ou dogmes spéciaux que chaque religion enseigne, ne sauraient constituer, envers la Religion de l'État, pas plus qu'entr'elles, un outrage quelconque à la Morale publique et religieuse.*

Pour arriver à l'*outrage*, il faut *l'injure*, *la dérision*, c'est-à-dire, l'absence du respect que les cultes se doivent entre eux. Ce n'est qu'une insulte, qu'une offense humaine que la loi punit. « L'outrage à la religion n'est « qu'une offense humaine, disait M. Royer Collard, » dans son admirable discours sur la loi du sacrilége. » C'est le sens raisonnable qu'il a dans la loi du 25 mars

---

(1) *Monit* du 3 février 1816, Rubriq Italie, Rome, 18 janvier.

1822; sans quoi, je prie qu'on le remarque, cette loi eût admis aussi et constitué le sacrilège.

Ainsi, qu'il y ait eu *négation de la divinité du Christ*, il n'y a pas eu *négation de l'existence de Dieu*, par conséquent *nul outrage à la Morale publique et religieuse :* et la loi de 1819 est inapplicable.

Qu'il y ait eu *négation de la divinité du Christ*, elle n'a certes pas été faite avec *insulte, dérision*, puisqu'elle n'est que tacite et présumée. Or, comme l'outrage n'est pas dans la négation simple, puisque la négation est dans le droit, dans la liberté de conscience et de culte, la loi de 1822 est inapplicable.

J'ai prouvé, Messieurs, que *la simple négation de la divinité du Christ* ne constituait un délit, ni aux yeux de la loi de 1819, ni aux yeux de la loi de 1822.

Mais non seulement l'accusation poursuit un prétendu délit qu'elle ne peut ni caractériser ni définir; mais encore elle parle, pour l'établir, d'un fait qui n'existe pas.

La mission du ministère public est de parler au nom de la société, au nom de la justice. Or, je lui demande qu'elle est l'innocence devant cette justice, si ce n'est l'omission des actes qu'elle défend. La justice sociale n'est qu'une justice prohibitive : voilà pourquoi chez elle la défense a dû toujours précéder la peine.

Il faut donc la réunion de deux conditions, pour que le ministère public poursuive : un *fait*, puisque la justice dit *abstiens-toi*; et un *fait défendu*, puisqu'elle prohibe avant de punir.

Eh bien! ici, aucune de ces conditions n'existe : la défense, nous ne l'avons point trouvée dans la loi; le fait, il n'en existe pas, puisqu'au contraire le ministère public incrimine une omission.

Certes, Messieurs, un tel réquisitoire devra faire époque dans l'histoire de la pénalité. Et où donc le ministère public a-t-il trouvé ce rôle nouveau, qu'il vient remplir devant vous? Où a-t-il trouvé, dans nos codes, l'article qui étendit sa juridiction jusque dans le sanctuaire de nos consciences, pour y frapper en aveugle une *intentionnalité* qui lui échappe? Il est un aveu qu'a fait l'accusation, et qui aurait dû seul la faire reculer dans cette carrière nouvelle et périlleuse où elle s'élance. Voici en effet comment elle s'exprime : « Que l'Editeur ayant annoncé, etc., » *semble*, en supprimant les faits miraculeux, les consi- » dérer comme fabuleux, etc. »

Eh quoi! Messieurs, par une conséquence de la position vicieuse où il s'est placé, le ministère public ne peut que venir vous faire part de ses ténébreuses visions; il ne vous dit, lui qui accuse, lui qui doit prouver, qu'avec timidité, et (rendons-lui cette justice) avec pudeur, qu'il *lui semble!* Et vous, magistrats, vous qui jugez, et qui ne prononcez qu'avec conviction, c'est au milieu de ces doutes qu'il vous demande un arrêt de condamnation!

Mais après avoir constaté, dans l'accusation, l'impuissance, non seulement de caractériser un délit, mais de prouver même cette négation de la divinité du Christ qu'il nous impute, j'irai plus loin, et je dirai qu'avoir publié la partie *morale* et la partie *historique* de l'*Évangile*, non seulement ce n'est point avoir nié la divinité du Christ, mais c'est au contraire en avoir donné la preuve la plus éclatante peut être et la plus auguste manifestation. »

Je ne prétends nullement rejeter la vérité des *miracles* qui ont accompagné la mort et la résurrection du Christ, pas plus que la preuve qui en résulte de sa divinité; mais je prétends soutenir que la manifestation de sa divinité appartient aussi bien à sa morale et à sa vie, et qu'il est bon nombre de chrétiens et de catholiques qui puisent, dans l'exemple de l'une et dans les préceptes de l'autre, les élémens de leur conviction et les inspirations de leur foi.

« Dans une matière aussi délicate, j'abaisserai bien volontiers les faibles lumières de ma raison devant celles du ministère public; mais je crois pouvoir lui opposer une foi aussi robuste que la sienne, et une raison aussi éclairée. Quand un homme dit qu'il croit, et qu'il irait, pour sa croyance, porter sa tête sur l'échafaud, et quand cet homme est l'immortel auteur du *Génie du Christianisme*, certes, je ne sais où trouver plus d'autorité à la raison, et plus de ferveur à la foi. Eh bien! qu'est-ce donc qui a valu au christianisme la conquête d'un talent si beau et d'une croyance si ardente et si dévouée! Écoutez: et osez encore nous poursuivre, vous qui ne pouvez découvrir, dans la *morale du Christ*, que le signe d'une divinité déchue!

« Le christianisme, dit M. de Châteaubriant, porte » pour moi deux preuves de sa céleste origine; par sa » morale, il tend à nous dégager des passions; par sa » politique, il a aboli l'esclavage: c'est donc une religion » de liberté; c'est la mienne. »

Après de telles et si admirables paroles, de quel droit le ministère public viendra-t-il nous dire que *la Morale religieuse est attaquée, qu'elle n'a plus de sanction divine, parce qu'on a supprimé les faits miraculeux, et que J.-C. ne tient sa divinité que de ses miracles?*

En vérité, le délit, ou plutôt le péché (car il n'y a point de délit), que vous nous imputez, c'est vous qui venez de le commettre. Nous n'avons point nié la divinité du Christ *dans les miracles*; mais de quel droit la niez-vous *dans la morale?* De quel droit la niez-vous *dans la vie?* De quel côté, je vous le demande, est la foi la plus large, la plus élevée ? Nous, nous ne prétendons nier la divinité du Christ nulle part : pour nous, sa vie est celle d'un Dieu, sa morale celle d'un Dieu, et nous y trouvons des signes aussi éclatans de sa divinité que dans ses miracles. Pour vous, au contraire, la vie du Christ n'est que celle d'un philosophe, sa morale n'est que celle d'un philosophe; et ce n'est que, grâce à ses miracles, qu'il obtient de vous encore un aveu de sa divinité.

Du reste, libre à vous de ne voir la manifestation de la divinité du Christ que dans ses miracles; mais, de grâce, souffrez-nous la voir aussi bien dans sa morale et dans sa vie.

Imprudens, qui faites ainsi une part exclusive à la croyance, et qui voulez régenter la foi, avez-vous senti toute la portée de votre accusation ! Avez-vous songé que vous parliez au milieu d'un peuple dont la partie la plus éclairée peut-être a pris la morale et la vie du Christ en signe de sa divinité ? Voulez-vous rebuter ou plutôt révolter sa foi ? et qu'usant d'un déplorable droit de représailles, elle traite de fabuleux ces miracles qui font votre croyance, parce que vous aurez traité de *morale de philosophe* cette morale divine qui fait la sienne ?

Et ainsi, vous mettez la guerre dans le culte; vous armez entr'elles des croyances qui, obéissant à des inspirations diverses, adoraient en paix la même divinité. Ah ! si vous êtes amis de la tranquillité de votre pays, et si vous l'êtes surtout de la propagation de votre foi, de grâce laissez-lui donc tous les chemins qui lui sont ouverts; laissez les hommes que le christianisme, comme on vous l'a si bien dit (*), *a toujours pris comme il les*

(*) Voyez *le Globe* du samedi 9 septembre, pag. 15.

trouvait, faisant briller celle de ses lumières qui pouvait percer les préjugés qui le combattaient ; laissez-les tous arriver à Jésus-Christ, sans vous inquiéter si c'est à ses miracles, à sa morale, ou à sa vie, qu'il doit la conquête de leur foi et de leur amour.

Mais, Messieurs, non seulement on nie que la morale évangélique porte en elle-même l'empreinte de sa céleste origine; et on réduit ainsi l'Évangile, sans les miracles, à n'être qu'un ouvrage digne tout au plus de Socrate ou de Platon; mais encore (chose incroyable et que je dis avec pudeur!) on fait un scandale de sa publicité. On ne dit pas seulement : cette morale n'est pas divine sans miracles; mais on dit : cette morale n'est pas morale sans les miracles. Je le prouve, d'une manière irréfragable, par les termes mêmes de l'accusation; car nous sommes poursuivis comme coupables *d'Outrage à la Morale religieuse,* pour avoir publié la *partie morale de l'Evangile.*

J'ai déjà dit que le mot *morale religieuse* n'était nullement synonyme de *morale chrétienne, morale catholique.* Hé bien! je veux ici, pour un moment, faire une large concession à l'accusation. Je veux que le mot *chrétienne*, ou même *catholique* dont elle a besoin, se trouve dans la loi; et voyez à quoi se réduit l'accusation et le délit qu'elle nous impute : à dire *qu'il y a eu outrage à la morale chrétienne, en publiant la morale chrétienne.* N'est-ce pas faire le procès à cette morale, et renfermer le délit dans sa publicité ? Qui jamais eût pensé, grand Dieu! qu'on oserait dire que la *morale chrétienne* se ferait ainsi *outrage à elle-même,* et qu'il y aurait un jour, à la répandre, *délit d'immoralité!*

Était-ce là ce que le Christ disait à ses disciples dans le *Sermon s r la montagne?* Leur disait-il de se bien garder de prêcher sa morale et sa vie, sans le récit des miracles, ou qu'ils compromettraient sa divinité?

Non, il veut que leur lumière luise devant les hommes, afin qu'ils voient leurs *bonnes œuvres;* et c'est par-là qu'il leur dit d'aller attirer l'univers à lui.

« Vous êtes, dit-il, la lumière du monde. Une ville » située sur une montagne ne peut être cachée. On n'al- » lume point une lampe pour la mettre sous le boisseau; » mais on la met sur le chandelier, afin qu'elle éclaire » tous ceux qui sont dans la maison. Ainsi, que votre lu- » mière luise devant les hommes, afin qu'ils voient vos » bonnes œuvres. »

Voilà comme parle le Christ, qui ne fuit point comme vous la publicité, mais qui l'appelle dans tout le monde, et sur sa morale, et sur sa vie. Que l'univers connaisse les préceptes de l'une et les bonnes œuvres de l'autre; et l'univers est à lui. Et c'est vous qui voulez obscurcir cette lumière du monde, c'est vous qui voulez éteindre cette lampe qui ne fut point allumée pour la mettre sous le boisseau; c'est vous qui voulez qu'elle ne luise que pour quelques-uns, quand elle fut mise sur la montagne, afin qu'elle ne pût être cachée; et c'est vous les accusateurs, et nous les prévenus!

Et quel est donc le délit? Qu'a-t-on fait, que ce qu'ont fait, comme on vous l'a si bien dit encore (*), « les » premiers chrétiens, discutant, approuvant, ou reje- » tant, tel évangile ou telle partie de tel évangile, selon » leurs lumières privées, ou selon l'occurrence et l'uti- » lité? Qu'a-t-on fait autre chose, que ce que faisait le » bibliste pseudonyme de Royaumont, arrangeant, re-

(*) Voyez *le Globe* déjà cité.

» tranchant, dans l'ancien Testament, tout ce qui lui sem-
» blait propre à effaroucher la pudeur des enfans ; ou
» acceptant telle ou telle glose, telle ou telle leçon,
» plutôt que telle autre ? Enfin, l'éditeur a-t-il fait autre
» chose que ce qui a eu lieu dans la collection même
» des quatre Evangiles, où les faits sont racontés de
» quatre façons différentes, où saint Mathieu et saint
» Marc ne disent pas un mot des prodiges qui, selon
» saint Luc, ont précédé la naissance de Jésus-Christ ?
» N'est-ce pas une pure question de science, d'*exegèse*,
» comme on dit en Allemagne ? Les tribunaux vont-ils
» donc se transformer maintenant en chaire de philolo-
» gie et de dogmatique ? Et va-t-on les détourner de leur
» action civile, pour les jeter dans des controverses bi-
» bliques. »

Messieurs, il existe, depuis plusieurs années, une Société célèbre, qui compte, parmi ses membres, un prince du sang et les hommes les plus distingués par leur rang, leurs lumières et leurs vertus. Cette Société a foi en Jésus-Christ et en sa divinité ; et pourtant elle s'est intitulée purement et simplement : *Société de la Morale chrétienne*, et ses pratiques sont conformes à son titre : c'est la connaissance de la morale évangélique qu'elle s'efforce uniquement de répandre dans les esprits, et de faire passer dans les mœurs. Voilà comme elle entend le christianisme, comme elle le professe, et comme elle le sert.

Comment la sagacité du ministère public est-elle donc arrivée à trouver plus de criminalité à répandre la morale évangélique par la puissance de la presse, que par celle de l'association ?

Messieurs, je m'arrête ; j'aurais beaucoup de choses à dire encore ; il me suffit de croire en avoir dit assez pour le triomphe de ma cause et celui de la liberté des cultes, qui ne fut jamais peut-être plus gravement attaquée.

Je terminerai par une dernière considération, qui me semble dictée par un intérêt, je ne dirai pas plus ardent, mais plus éclairé peut-être, de la prospérité des cultes, que celle qui a servi de motif et de développement à l'accusation.

Il est deux manières, Messieurs, de s'élever à l'idée de la divinité : l'une qui est celle de Fénélon, et qui consiste à offrir à la raison humaine l'univers en contemplation, à déchirer les voiles de la création pour l'initier à ses secrets, à la conduire de la loi qui régit l'insecte à celle qui gouverne ces mondes éloignés de nous ; et à lui révéler, au sein de cet ordre universel, de cette immuable harmonie, le Dieu qui est éternel, qui comprend tout et qui ne faillit jamais ; l'autre, au contraire, reconnaît la divinité qui a fait cet ordre à la puissance de le changer, et croit au divin législateur, quand elle le voit de ses lois interrompre le cours.

Je ne prétends point ici nier les miracles, ni insulter aux religieuses traditions du passé ; je ne suis et ne veux être que l'homme de mon siècle, attentif au présent, et les yeux tournés vers l'avenir. Je me dis : Respect aux miracles du passé ! Mais qui nous en prédit le retour ? Qui nous dit que Dieu voudra encore interrompre le cours de ses lois, pour convaincre l'incrédulité ! Et alors, j'admire Fénélon, cherchant les miracles de tous les momens, de tous les âges, et qui doivent grandir de plus en plus avec la civilisation, qui chaque jour donne des explications nouvelles de la création, de ses merveilles, de ses lois. En entrant dans cette voie, chaque découverte de la civilisation devient une idée religieuse de plus ;

chaque mouvement, un pas de plus vers la divinité. La foi, loin d'être ébranlée par le génie d'un Galilée, d'un Newton, d'un Francklin, s'applaudit de leurs découvertes, comme autant de manifestations de plus, dans le monde, de la grandeur de Dieu et de ses lois; la foi marche alors de pair avec la civilisation, gagne à ses conquêtes, et participe à ses progrès.

A l'époque où nous vivons, où tout révèle un immense développement de l'esprit humain, je pense qu'il est bien plus dans l'intérêt des religions de prendre la civilisation pour alliée que pour ennemie, et que c'est travailler à leur ruine que de faire prévaloir leur partie mystique sur leur partie morale.

Pour moi, je croirais mieux servir, comme Fénélon, ma foi et mon pays, en montrant à mes semblables la civilisation comme la mère de toute idée morale et religieuse.

OPINION PUBLIQUE.

ARCHIVES DU CHRISTIANISME. — 1er *Septemb.* 1826.

Annoncer que l'on publie la *partie morale et historique* de l'Évangile ; c'est annoncer, il nous semble, qu'on publie l'Évangile tout entier ; car il ne se compose absolument que d'un récit de faits et d'une série de leçons utiles. Aussi nous sommes-nous attendus à trouver, dans le petit volume publié chez le libraire Touquet, galerie Vivienne, n° 16, l'Histoire complète du Sauveur, et un choix des principales instructions qu'il a données à ses disciples ; nous avions d'autant plus lieu de nous y attendre, que l'éditeur a imprimé, au lieu de préface, le passage de saint Luc, où il dit : *J'ai cru qu'après avoir été exactement informé de* TOUTES CES CHOSES, *depuis leur origine, je devais aussi en retracer* TOUTE LA SUITE *par écrit.* Nous nous réjouissions de ce qu'au moyen d'une édition nouvelle, abrégée il est vrai, mais contenant cependant *toutes les choses* dont parle l'apôtre, la vérité de l'Évangile allait devenir d'un accès encore plus facile. En parcourant ce petit volume, nous avons bientôt été détrompés ; et nous avons reconnu, dès les premières pages, que ce qu'on nous donne ici pour l'Évangile, pour la bonne nouvelle, n'est rien moins que cela. Cet extrait est évidemment fait de mauvaise foi ; on voudrait persuader aux gens du peuple, auxquels il est surtout destiné par son format et par son bas prix, que Jésus-Christ fut un docteur vertueux, un juste comme Socrate, capable de renoncer à la vie comme lui, plutôt que d'agir ou de parler contre sa conscience et sa conviction, mais que c'est là tout ce qu'il faut voir en lui ; qu'il fut du reste un homme comme un autre, dont la vie ne présente rien qui sorte de l'ordre des événemens purement humains, et qui passa sur la terre, comme tant d'autres sages persécutés y ont passé. Rien n'était plus propre à accréditer cette ruse impie, que de donner au récit un air de vérité, en le composant uniquement de passages tirés de l'Écriture sainte. Le peuple, en France, connaît si peu le nouveau Testament, qu'il croira facilement que c'est en effet là le sommaire de ce qui y est renfermé ; il ne se doutera pas que tout ce qui caractérise vraiment la personne de Jésus, que tout ce qui explique son séjour sur la terre, en a été retranché ; qu'on a poussé les choses au point de laisser subsister, dans certains endroits, des passages qui n'ont plus aucun sens, parce que ceux qui suivent et qui les expliquent ont été retranchés ; enfin que ce petit volume est le résumé de ce qu'un incrédule admet comme véritable dans l'Évangile, et non un résumé de ce que l'Évangile contient.

Pour donner à nos lecteurs une idée de ce singulier ouvrage, nous allons leur citer les principaux faits qui y sont omis. La naissance de Jésus est le sujet du IIe chapitre : et ce chapitre se compose uniquement des versets 1, 2, 3, 4, 5, 6, 7 et 21 du IIe chapitre, de saint Luc, où il est question de l'édit publié par ordre de César-Auguste, de l'arrivée de Joseph à Bethléem, de l'accouchement de Marie dans une hôtellerie, et de la circoncision de Jésus. On chercherait en vain un mot sur l'apparition de l'ange Gabriel à Marie, dans laquelle il lui annonce que *ce qui naîtra d'elle* SAINT, *serait appelé Fils de Dieu* (Luc, I, 35) ; ni de la visite de Marie à Elisabeth, qui l'accueille, lui demandant *d'où lui vient que la mère de son Seigneur vienne vers elle* (Luc, I, 43); ni du songe de Joseph, à qui l'ange révéla que *celui que Marie enfanterait, était conçu du saint esprit, et sauverait son peuple de ses péchés* (Math. I, 20-21); ni du témoignage rendu par les bergers, qu'ils avaient été avertis par un ange que le *sauveur qui est le Christ, le Seigneur était né* (Luc, II, 11); ni de l'arrivée des Mages qui, *ayant vu en Orient l'étoile du Roi des Juifs, étaient venus l'adorer* (Math. II, 1—2); ni des prophéties d'Anne et de Siméon. Tout cela, cependant, constitue des faits; tout cela rentre dans la *partie historique;* tout cela est essentiel à rapporter, puisque, si cela n'était pas arrivé, le reste aurait un caractère entièrement différent.....

Permis à vous de ne pas croire à la naissance miraculeuse de Jésus-Christ, et à tous ces témoignages par lesquels Dieu son père a préparé et accompagné sa venue; mais ne venez pas nous dire que vous nous rapportez *toute la suite* de ce que ses apôtres en ont écrit, tandis que vous vous taisez sur le principal. Ce ne sont pas, du reste, les seules omissions que nous avons à reprocher à l'éditeur. Le baptême de Jésus n'est raconté par lui que dans les paroles du 13e verset du IIIe chapitre de saint Mathieu: *En ce même temps, Jésus vint, de Nazareth en Galilée, trouver Jean, sur les bords du Jourdain, afin d'être baptisé par lui;* il se garde bien d'ajouter, comme l'apôtre: *Et quand Jésus eut été baptisé, il sortit incontinent de l'eau; et voilà, les cieux lui furent ouverts; et Jean vit l'Esprit de Dieu, descendant comme une colombe, et venant sur lui; et voilà une voix du ciel disant: Celui-ci est mon Fils bien-aimé, en qui j'ai pris mon bon plaisir;* quoique cette circonstance soit rapportée par saint Mathieu, saint Marc et saint Luc, et que saint Jean y fasse allusion, en sorte qu'elle est bien historique. Le jeûne et la tentation au désert sont complètement omis ; il n'est pas question d'un seul des miracles du sauveur ; les prédictions de Jésus-Christ sur sa mort, l'histoire de sa transfiguration, ses menaces contre Jérusalem, la description qu'il fait du jugement dernier, sont entièrement passés sous silence ; le récit de la cène est défiguré ; l'abréviateur, dit, il est vrai, que *Jésus, après avoir pris la coupe, rendit grâces et dit : prenez-la et distribuez-la entre vous ;* mais il ne rapporte pas ce qui suit : *Car ceci est mon sang, le sang du nouveau Testament, qui est répandu pour plusieurs en rémission des péchés.* Les paroles qui accompagnent la consécration du pain, sont également élaguées : en sorte qu'on croirait qu'il ne s'agit que d'un repas ordinaire, dont il aurait été fort superflu de conserver le souvenir à la postérité. Enfin, la résurrection et l'ascension de Jésus n'y sont pas même mentionnées. Nous ignorons si l'éditeur prétend justifier ces infidélités, en disant que les omissions que nous venons de signaler n'en sont pas de réelles, puisqu'elles rentrent dans la partie *dogmatique* de l'Évangile, et que c'est la partie *historique et morale* qu'il a seule voulu donner. Cette distinction est inadmissible, puisqu'elle aurait pour résultat de réduire à un squelette, non seulement l'histoire évangélique, mais toute histoire quelconque. C'est comme si, en écrivant la biographie d'un auteur célèbre ou celle d'un grand général, on ne parlait ni des ouvrages du premier, ni des victoires du second, sous prétexte que ce n'est pas de la partie littéraire de la vie de l'un, ni de la partie militaire de la vie de l'autre, mais seulement de la partie historique de leur vie, qu'on a voulu s'occuper. La naissance miraculeuse, la vie miraculeuse, la résurrection miraculeuse, les institutions et les leçons divines de Jésus, composent son *Histoire*; et vouloir les en écarter, en disant que ce sont là des dogmes, c'est une conception bien malheureuse ou une bien indigne perfidie.

Nous ne parlerons pas aussi longuement de la partie *morale* que nous l'avons fait de la partie *historique* : nos lecteurs savent que, dans la Bible, il y a une liaison intime entre les devoirs qu'elle prescrit et les motifs qu'elle présente pour les remplir. L'éditeur de cet *Évangile* a ôté le fondement; comment édifierait-on dessus? Il s'est proposé de savoir tout parmi nous, excepté Jésus Christ tel que le montre vraiment le nouveau Testament; il a voulu approprier les choses spirituelles à ceux qui sont charnels, oubliant que, *si nous n'avons d'espérance en Christ que pour cette vie seulement, nous sommes les plus misérables des hommes;* tandis que nous sommes heureux, si nous savons que *Dieu était en Christ, réconciliant le monde avec soi, et ne nous imputant point nos péchés.* Retrancher ces vérités de l'Evangile, c'est, comme saint Paul le reproche à plusieurs, *ne pas parler de Christ avec sincérité; c'est falsifier la parole de Dieu.*

Que nos lecteurs excusent cette critique un peu étendue pour un si petit volume; nous avons craint qu'en voyant annoncée ailleurs une édition de l'Evangile dont le prix est si bas, plusieurs d'entr'eux ne se le procurassent pour le distribuer autour d'eux; ils auraient bientôt reconnu leur méprise : nous avons voulu la prévenir.

Il est de fait (et cette observation nous paraît importante) que jamais il n'aurait pu venir à la pensée de personne de lancer une pareille falsification de l'Evangile dans un pays protestant et au milieu d'une population protestante; la raison en est claire, et nous semble digne d'être méditée.

Nous apprenons que cette coupable production vient d'être saisie et livrée aux tribunaux.

COURRIER FRANÇAIS. — 14 *Septembre.*

La poursuite dirigée par le ministère public contre l'éditeur et les distributeurs de l'Évangile dégagé de ses miracles, vient de soulever une question immense et qui intéresse au plus haut degré la liberté des cultes.

Elle a été confiée à un débutant dans la carrière du ministère public, qui, par l'ardeur de l'intolérance de de son zèle, nous signale tous les dangers du triomphe qu'il pourrait obtenir.

« Heureux, s'est écrié ce jeune Avocat du roi, si, m'essayant, en quelque sorte, aujourd'hui pour la première fois, dans un combat où je suis tout nouveau, je ne compromets pas, par la faiblesse de mes armes et l'inexpérience de mes efforts, le succès d'une cause aussi belle, pour laquelle je verserais avec joie, s'il le fallait, jusqu'à la dernière goutte de mon sang ! »

Nous ne croyons pas que le public compatisse beaucoup aux dangers courus par M. l'Avocat du roi, dangers qui, sans qu'il éprouve la plus légère égratignure, pourraient bien lui valoir un avancement égal en rapidité à celui de ses devanciers. On croirait, à l'entendre, qu'il est menacé de perdre la vie ou tout au moins la liberté, tandis que c'est lui qui, paisiblement assis sur son siége, requiert des peines contre les prévenus.

Nous ne pouvons donc voir, dans l'exaltation de la mysticité de son langage, qu'un acte de foi; on sent qu'il éprouve un vif regret de n'être pas assis dans la chaire sacrée : il a manqué sa vocation ; il devrait demander à Montrouge d'être admis à faire des vœux ; peut-être y gagnerait-il un évêché, du moins *in partibus*. Mais les temps du martyre sont passés ; et il n'éprouvera pas la satisfaction de verser jusqu'à la dernière goutte de son sang, pour avoir défendu sa croyance absolue aux miracles, et établi en principe qu'on ne pouvait, sans commettre un sacrilége, ajouter ou retrancher un *iota* à l'ancien et au nouveau Testament.

Ce jeune magistrat est sincère dans sa foi ; mais est-ce un acte de foi qu'on s'attendait à entendre au tribunal de police correctionnelle ? Si les membres du ministère public convertissent ainsi en sermons leurs plaidoyers, les prêtres catholiques ne tarderont pas à faire en chaire des réquisitoires : et ils auront tout l'avantage, car il ne sera pas permis de leur répondre.

Ici, à la vérité, le cas était différent ; la réponse était permise et licite : et nous nous étonnons que les prévenus, que M. Touquet en particulier, ait assez présumé de ses forces pour soutenir à lui seul la vive attaque portée à la liberté des cultes, dans une question qui intéresse la civilisation tout entière. Il nous semble que ce ne serait pas trop de toutes les forces du barreau, pour opposer l'autorité de la doctrine légale au zèle ardent et peu éclairé de M. l'Avocat du roi.

M. Touquet, dans sa défense, a presque déserté la question de principe, et s'est retranché sur des circonstances à lui personnelles, et sur la pureté de ses intentions. Cela ne suffit pas : l'intention de ceux qui ont publié l'Évangile abrégé est quelque chose sans doute ; mais la question de principe est bien plus importante encore. Elle se divise en deux parties : l'une relative au grand principe de la liberté des cultes; l'autre est une question de légalité, que l'on peut discuter hardiment la loi à la main.

Sur la question de foi, que répondrait M. l'Avocat du roi à celui des prévenus qui viendrait lui dire :

« Je suis un homme aussi religieux que vous; je suis prêt, comme vous, à verser mon sang pour ma croyance, ou (si cette phrase est trop ambitieuse) à supporter toutes les persécutions dont un zèle intolérant voudra me rendre victime. Eh bien! ma religion ne me permet pas de croire à la divinité de Jésus-Christ, ni à celle de la Vierge; la Charte, par son article 5, me donne le droit de professer ma religion avec une liberté égale à celle que vous vous attribuez.

» Le Dieu que j'adore est moins intolérant que le vôtre; il n'appelle pas la vindicte des lois à l'appui de son prosélytisme; il veut ne se faire des partisans que par l'ascendant de la raison et de la morale. Vous fondez la doctrine de votre Église sur la révélation et sur les miracles; je n'ai pas reçu comme vous le don de la foi; suis-je criminel parce que ma raison se refuse à croire que le Dieu tout-puissant, qui a créé le monde et qui le gouverne par des règles immuables, a dérogé à ces règles, dans tel ou tel cas particulier, dans l'intérêt de telle ou telle croyance que je ne partage pas?

» Je respecte l'opinion de ceux qui croyent aux miracles; mais je ne suis pas obligé de les imiter, ni de me taire, lorsqu'on en fait un sujet d'argumentation contre ma croyance. La libre discussion des miracles et de leur vérité a été de tout temps livrée à la controverse. Prétendez-vous faire reculer la raison humaine? Allez-vous rallumer les bûchers de l'inquisition, pour me convaincre de vérités que je ne puis admettre?

» Ma foi est, devant la loi, égale à la vôtre; la question du nombre n'y fait rien. Savons-nous d'ailleurs combien de chrétiens et de catholiques se sont ralliés aux vérités morales des livres saints, sans adopter, comme articles de foi, ce que l'on vient proposer à ce titre devant un tribunal incompétent pour résoudre de pareilles questions? La question que les tribunaux ont à résoudre est celle-ci: Est-ce un outrage à la *morale* publique et religieuse que d'imprimer et de publier, par la voie de la presse, toute la partie *morale* du nouveau Testament, en négligeant tout ce qui tient au dogme ou à la controverse? N'est-ce donc pas ce que Massillon a fait dans ses admirables discours? N'est ce pas par le développement exclusif de ces vérités morales, qu'il est devenu si populaire, et qu'il a si bien servi la cause de la religion? »

M. l'Avocat du roi est peut-être de ces catholiques fervens, pour qui Massillon n'est point une autorité; mais, en sa qualité de membre du parquet, il doit au moins admettre l'autorité de la loi. Or, la loi du 25 mars 1822 ne punit que l'outrage envers la morale publique et *religieuse;* ce mot est général, il s'applique à toutes les religions, à aucune en particulier; il ne prohibe que la manifestation ou la mise en pratique de l'athéisme, en ce sens que cette profession serait négative des bases de la morale.

C'est l'explication qu'on a donnée de l'art. 9 de la loi de 1819, à une époque où l'on ne croyait pas que des controverses religieuses deviendraient des discussions juridiques.

Lorsque la loi du 25 mars 1822 a mis de nouveau les chambres dans la nécessité de s'occuper de la protection due aux religions, il fut unanimement reconnu que le droit de controverse demeurait entier entre les diverses religions ; qu'on pourrait attaquer le dogme, les mystères et les rites religieux, pourvu que l'on n'insultât pas à la divinité ; le sarcasme et la dérision seuls ont été défendus dans des matières aussi graves.

Il est évident que la divinité de Jésus-Christ peut être niée, sans que cette opinion puisse être érigée en crime : sans quoi, dès ce moment, on eût proscrit les juifs, puisque leurs réunions et leurs prières sont une offense perpétuelle envers la croyance des catholiques sur ce point. Entre proscrire les juifs comme dissidens, et les brûler comme on fait en Espagne, il n'y aurait qu'un pas.

Ne pas croire aux miracles, est une chose non seulement licite, mais qui sert de base à des croyances religieuses dont la manifestation est garantie par l'art. 5 de la Charte. Quelle disposition de la loi pourrait-on opposer à cette loi fondamentale?... Il n'y en a pas. M. l'Avocat du roi se présente dans l'arène judiciaire, comme l'organe des protestans aussi bien que des catholiques ; les protestans à coup sûr ne confirmeront pas le mandat qu'il se donne en leur nom ; la publication que les *Archives du Christianisme* viennent de faire, dans leur cahier de septembre, de la défense des Piétistes, nous en est le garant. Non, Genève ne demande pas vengeance, si Rome la demande, pour nous servir des imprudentes paroles de M. l'Avocat du roi. L'Eglise gallicane ne veut pas l'intolérance ; elle ne demande pas l'intervention du bras séculier pour combattre les dissidens ; son arme est la persuasion : la véritable Eglise n'en connaît pas d'autre.

L'arrêt de la cour de Colmar et celui de la cour de cassation nous donnent lieu de penser que la magistrature n'admettra pas les pernicieuses doctrines du ministère public ; elle proclamera de nouveau le principe que les doctrines professées par les différens cultes ne peuvent constituer l'outrage à la morale publique et religieuse, ni l'attaque envers la religion de l'Etat.

On s'étonne qu'un tel principe puisse être redevenu parmi nous l'objet d'une question : mais on s'étonnerait bien davantage que cette question ne fût pas résolue comme l'exigent la raison publique et la liberté de conscience.

L'ÉTOILE. — 14 *Septembre.*

Après avoir prouvé que, sous prétexte de défendre la liberté des cultes, le parti philosophique n'a réellement voulu que la liberté de l'athéisme, il nous reste à discuter cette seconde question : En quoi la morale religieuse, la morale catholique, serait-elle blessée par la négation de la divinité de Jésus-Christ? Est-ce dans la sanction d'une loi qu'existe la moralité de cette loi? En un mot, qu'importe le dogme à la morale ?

Nous pourrions citer ici la discussion même de la loi sur la morale religieuse, et rappeler que les ministres d'alors, et M. Decazes entr'autres, soutinrent que, pour aucun magistrat, il n'y aurait doute, s'il devait prononcer sur un outrage à la divinité de Jésus-Christ; mais il est facile de prouver que le dogme de la divinité de Jésus-Christ est le garant le plus sûr de la morale publique.

Nous commencerons par établir, malgré les assertions des journaux auxquels nous répondons, que, sans le dogme de l'existence de Dieu, la morale n'a aucun fondement; nous prouverons ensuite que le dogme de la divinité de Jésus-Christ est le complément nécessaire du dogme de l'existence de Dieu, et par conséquent la base de toute morale publique et religieuse.

Ecoutons d'abord Voltaire prouvant que la morale a besoin de la sanction du dogme de l'existence de Dieu :

« On demande si un peuple d'athées peut subsister. Par tout pays, le peuple a besoin du plus grand frein ; et si Bayle avait eu seulement cinq ou six cents paysans à gouverner, il n'aurait pas manqué de leur annoncer un Dieu rémunérateur et vengeur. On peut vivre en sécurité sans religion, dit-on : en ce cas, je répondrai que les loups vivent ainsi ; et je vous demanderai toujours si, quand vous avez prêté votre argent à quelqu'un de votre société, vous voudriez que ni votre débiteur, ni votre procureur, ni votre notaire, ni votre juge, ne crussent en Dieu.

» Il est évident qu'il valait mieux, pour les Grecs, craindre Cérès, Neptune et Jupiter, que de ne rien craindre du tout. Il est clair que la sainteté des sermens est nécessaire, et qu'on doit se fier davantage à ceux qui pensent qu'un faux serment sera puni, qu'à ceux qui pensent qu'ils peuvent faire un faux serment avec impunité. Il est indubitable que, dans une ville policée, il est infiniment plus utile d'avoir une religion, même mauvaise, que de n'en avoir point du tout.

» Je ne voudrais pas avoir affaire à un prince athée qui trouverait son intérêt à me faire piler dans un mortier : je suis bien sûr que je serais pilé. Je ne voudrais pas, si j'étais souverain, avoir affaire à des courtisans athées, dont l'intérêt serait de m'empoisonner : il me faudrait prendre au hasard du contrepoison tous les jours. Il est donc absolument nécessaire, pour les princes et pour les peuples, que l'idée de l'Être suprême, créateur, gouverneur, rémunérateur et vengeur, soit profondément gravée dans les esprits (*). »

Et, en effet, l'existence de Dieu est le ciment de l'édifice social ; elle imprime le sceau de la divinité sur le con-

(*) *Dictionnaire philosophique.*

trat qui lie les citoyens entr'eux et avec le gouvernement ; elle consacre les lois civiles, en les incorporant dans son propre code ; elle unit, par des nœuds indissolubles, l'intérêt général et les intérêts particuliers, en montrant, dans une autre vie, le prix des sacrifices que la patrie demande aux citoyens ; elle acquitte la société envers la vertu que les hommes ne savent ni connaître ni récompenser, et envers le crime que le secret, le crédit du coupable ou la corruption des juges, dérobent trop souvent à la vengeance des lois.

Nous avons prouvé que le dogme sur l'existence de Dieu est essentiel à la morale, et que sans ce dogme la morale n'a aucun point d'appui. Il nous reste à montrer que le dogme de la divinité de Jésus-Christ est le complément nécessaire du dogme de l'existence de Dieu.

En effet, quelle est la seule objection de la philosophie contre le dogme de l'existence de Dieu et de l'immortalité de l'âme qui en est la conséquence ? c'est l'absence de toute communication de Dieu avec l'homme ; c'est cet abandon dans lequel le créateur aurait plongé sa créature, en laissant son intelligence et son cœur sans autre aliment qu'une inquiétude dévorante, qui cherche à se satisfaire et qui ne le peut jamais, permettant à la fausse sagesse et au million de systèmes qu'elle a enfantés, de le séduire et de l'égarer jusqu'à l'idolâtrie. Eh bien, cette objection, la mission de Jésus-Christ la résout tout entière. Celui qui avait été promis au monde dès les premiers jours, paraît parmi les hommes ; homme lui-même, et législateur sublime, il apporte au monde la morale la plus pure. Mais ce langage de la plus haute sagesse ne suffisait pas à la faiblesse humaine, pour attester la divinité de la mission de Jésus-Christ. Les miracles ont dû révéler en lui le maître de la nature. Et qu'on ne dise pas que ces miracles puissent être contestés ! Rousseau lui-même disait : « Les faits de Socrate, dont personne ne doute, sont moins attestés que ceux de Jésus-Christ. » Ses miracles sont donc une partie intégrante de sa vie ; on ne peut donc les séparer que dans le but d'affaiblir ce qu'il y a de divin dans sa mission, pour en faire un philosophe comme Socrate et Confucius.

Si tel n'est pas le but de la mutilation de l'Évangile, nous demanderons quel il peut être ? car, dans la religion chrétienne, les miracles sont de l'histoire. Qu'on ne prétende pas distinguer ce qu'une intelligence plus ou moins grande peut admettre ou rejeter ; ce serait au contraire sur la morale de l'Evangile qu'une intelligence plus haute serait nécessaire. Les miracles, au contraire, sont des faits historiques aussi prouvés que l'existence de César : et les protestans anglais, avec cet esprit d'investigation scrupuleuse qui les caractérise, ont établi que les miracles de Jésus-Christ étaient constatés par des preuves plus irréfragables que celles qui, devant les tribunaux humains, décident chaque jour de la fortune et de la vie des hommes. Les martyrs (*martur*) sont ici de véritables témoins dans l'acception pure et primitive de ce mot, puisqu'ils ont *vu* ce qu'ils attestent, puisqu'ils n'ont pu être trompés et qu'ils n'ont pas voulu tromper, puisqu'ils sont morts pour l'attester. « J'en crois, disait Pascal, des témoins qui se font égorger (*). »

C'est donc parce que ces miracles sont le véritable fondement de la foi chrétienne, que le parti philosophique a senti de quelle importance il était pour lui de les supprimer, c'est-à-dire, de les contester ; et c'est ainsi

(*) *Voyez* Clarke, Littleton, Lardner, Adisson, Léland, etc.

qu'une simple question, matérielle en apparence, peut être considérée comme une des plus audacieuses entreprises de l'esprit d'incrédulité de ce temps-ci.

« Deux choses affermissent notre foi, dit Bossuet : les miracles de Jésus-Christ, à la vue de tous ses apôtres et de tout le peuple, avec l'accomplissement visible et perpétuel de ses prédictions et de ses promesses sur la durée de son église. Les apôtres n'ont vu que la première de ces deux choses ; et nous, nous ne voyons que la seconde. Mais on ne pouvait refuser à celui à qui l'on voyait faire de si grands prodiges, de croire à la vérité de ses prédictions : comme on ne peut refuser à celui qui accomplit si visiblement les merveilles qu'il a promises, de croire qu'il était capable d'opérer les plus grands miracles. Ainsi, dit saint Augustin, notre foi est affermie des deux côtés. Ni les apôtres ni nous ne pouvons douter. Ce qu'ils ont vu dans la source, les a assurés de toute la suite ; ce que nous voyons dans la suite, nous assure ce qu'on a vu et admiré dans la source.

» La conversion du monde est un miracle subsistant, qui prouve et fait revivre tous les autres. »

Résumons-nous : la mission de Jésus-Christ est prouvée par des miracles certains comme l'histoire ; car la révolution, dont ses miracles ont été suivis, suffirait seule pour leur imprimer le sceau de la certitude. Cette mission démontre que la croyance en Dieu n'est point vaine, et que le consentement de la société humaine sur l'existence de Dieu et l'immortalité de l'âme n'est point une illusion. Les devoirs de l'homme envers l'homme sont fondés sur les devoirs de l'homme envers Dieu. Le doute même n'est pas permis : Dieu a paru sur la terre. Que dire donc d'un acte qui serait bien pire que le doute, puisqu'il est une négation ?

Il nous reste à déplorer qu'un journal se soit fait l'organe de cette monstrueuse opinion qui tendrait à établir que la morale peut exister sans dogme : ce qui reviendrait à soutenir qu'une société d'athées peut subsister. Or, nous avons démontré qu'il y avait *athéisme social* dans un acte qui manifestait l'indifférence pour tous les cultes, et par conséquent le refus de rendre un hommage extérieur à la divinité ; c'est dans ce sens que nous avons dit, d'après Bossuet, que le *déisme* même était un *athéisme déguisé*.

LA QUOTIDIENNE. — 15 *Septembre*.

Le *Courrier* (*) s'élève aujourd'hui violemment contre M. l'Avocat du roi qui a porté la parole dans l'affaire des Evangiles dépouillés de leurs miracles. Suivant le journal libéral, le ministère public a tout à fait manqué à la dignité de ses fonctions, en déclarant *qu'il verserait volontiers tout son sang pour la cause de la religion qu'il avait à défendre.*

Mais nous demandons au *Courrier* depuis quand cette haute profession du christianisme serait incompatible avec le devoir du magistrat. Faudrait-il au journal libéral, non-seulement des lois athées, mais encore des magistrats athées? Le nom de Dieu et la foi chrétienne devraient ils, de toute nécessité, être bannis des débats, pour qu'ils fussent impartiaux ?

Quant à la question principale que soulève le *Courrier*, celle de savoir s'il est permis de professer publiquement toute espèce de doctrines, nous devrions juste-

(*) Voyez ci-devant, pag. 70.

ment nous étonner que les libéraux, après avoir provoqué la condamnation de ceux des catholiques qui professent des doctrines opposées à la déclaration de 1682; viennent aujourd'hui solliciter la liberté absolue des opinions en cette matière. D'ailleurs, la religion catholique n'est-elle pas toujours la religion de l'Etat? Et par conséquent, dans aucune circonstance, il ne peut être permis d'insulter à ses dogmes et à ses miracles. Voilà la question tout entière; et certes, la publication qui fait l'objet de la plainte, n'est (il faut bien le dire) qu'un moyen perfide d'ébranler les fondemens divins de la religion de l'Etat.

LA GAZETTE DE FRANCE. — 15 *Septembre.*

Une cause grave occupe en ce moment l'attention publique. Sans l'imprudence du *Courrier*, nous nous serions interdit toute remarque à cet égard : nul ne faisant plus sincèrement que nous profession de respect pour le malheur, même quand il est mérité. Mais, comme le *Courrier* inculpe en quelque sorte l'accusé lui-même pour les concessions qu'il a osé faire, nous sommes certains qu'en discutant le principe *déserté* par M. Touquet, suivant son nouvel accusateur, nous ne trahissons en rien l'engagement que nous avions pris avec nous-mêmes. Ce n'est donc point de M. Touquet qu'il est question ici, mais du principe.

1. Qu'a-t-on imprimé? *La partie historique et morale de l'Évangile.* La partie historique est, comme dit le *Courrier*, *dégagée* des miracles, et la partie morale dégagée des mystères. C'est un *Evangelium expurgatum* qu'on nous donne enfin.

Mais, je vous prie, qu'est-ce que la partie historique, dégagée des miracles, sinon une atteinte portée à la véracité des évangélistes? Qu'est-ce que la partie morale dégagée des mystères, sinon une atteinte portée à la révélation?

Lorsque l'apôtre nous parle de la guérison du lépreux et du paralytique, et de la résurrection du Lazare, il n'emploie pas une autre forme de style, que lorsqu'il nous entretient de la généalogie du sauveur : il raconte.

Les miracles du sauveur, aussi bien que sa généalogie, appartiennent donc à l'histoire, c'est-à-dire, à l'Évangile. *Dégager* l'Évangile des miracles, selon la noble expression du *Courrier*, c'est donc soutenir, en d'autres termes, que l'Évangile contient vérité en certains points et mensonge en d'autres.

Si l'Évangile mérite d'être dégagé de certaines parties, il y a donc alliage, corruption; mais quels sont les élémens de cet alliage? A quel degré la corruption s'arrête-t-elle? C'est ce qu'il n'est pas permis, même au *Courrier*, de déterminer avec précision. L'historien que je lis est reconnu menteur, non pas dans quelques circonstances légères, dans quelques épisodes stériles, mais dans le fond même de son récit. Où sera ma garantie pour le reste?

Il s'est trouvé des hommes qui niaient jusqu'à l'existence de Jésus-Christ. Ces hommes ne suivaient pas une autre route que le *Courrier*, même ils n'allaient pas plus loin que lui dans la même route, car leur incrédulité n'était que le développement du même principe, ou plutôt de la même passion. Et en effet, que Jésus-Christ n'ait jamais existé, ou que Jésus-Christ ne soit qu'un homme, la base du christianisme n'en sera pas moins ôtée.

Appliquons ce raisonnement à la partie morale. Dans les croyances du christianisme, le monde avait besoin d'un sauveur; ce sauveur, prédit par les prophètes, venait découvrir à l'humanité un grand secret. Qu'il n'ait fait que donner une forme nouvelle à des choses connues, qu'il ait enseigné la morale au lieu de la révéler, tout change.

Ainsi, donner au public l'Évangile *dégagé* des miracles et des mystères, c'est évidemment falsifier l'Évangile et protester contre lui.

Ici se présente la question de la légalité. Falsifier l'Évangile, est-ce user d'un droit? C'est une question qui se résout par son exposé même.

Le droit de protester contre l'Évangile n'est pas plus légal. On allègue la liberté des cultes, comme si le mot de *culte* n'emportait pas avec soi des idées d'assemblée, de communauté de dogmes et de cérémonies!

Un culte, sous le rapport politique, est considéré comme un établissement. C'est dans ce sens, ce ne peut être que dans ce sens, que la charte le protège. Autrement, la charte mettrait au même rang toutes les opinions religieuses; et, par l'art. 6, elle fait précisément le contraire.

Or, est-ce l'opinion isolée d'un homme qui peut constituer un établissement? Ce mot seul d'établissement ne comprend-il pas des règles, une discipline, un ordre cimenté par le temps?

D'ailleurs, tout culte est positif. Qui a jamais eu l'idée d'un culte composé de négations? Qualifierez-vous de culte l'opinion de celui qui nierait le *poul-serro*, le décret absolu et les apparitions de l'ange Gabriel? Si un culte pouvait se former de négations, l'athéisme serait un culte.

Je conseille fort à M. Touquet de s'en tenir à son plaidoyer. B.

COURRIER FRANÇAIS. — 15 *Septembre.*

Lettre de M. Benjamin CONSTANT, *Député de la Seine.*

Paris, 14 septembre 1826

M. Levavasseur, Avocat du roi, a prononcé, le 12 de ce mois, devant la sixième chambre du tribunal de police correctionnelle de Paris, dans un discours remarquable sous tous les rapports, des paroles qui ne permettent, ce me semble, à aucun protestant de garder le silence, sous peine d'accepter, pour le protestantisme, une accusation également injuste et fâcheuse. Je n'inculpe nullement les intentions d'un magistrat qui a cru peut-être servir selon leur goût *ses frères séparés* (c'est ainsi qu'il nous désigne, en nous associant aux poursuites dont il est l'organe); mais je crois devoir déclarer que l'action qu'il intente et les expressions qu'il employe sont directement contraires à l'esprit et au principe fondamental du protestantisme. « Genève et Rome, dit-il, sont également » intéressées dans cette cause; Genève est outragée » comme Rome; Genève, comme Rome, demande » vengeance. »

Je ne me permettrai point d'observations sur cette demande de vengeance pour la religion, formée par M. l'Avocat du roi, au nom d'une communion que sa religion propre lui ordonne de regarder comme réprouvée et condamnée aux feux éternels; c'est à l'orateur à concilier (s'il le peut) avec les dogmes de son Église, la fraternité qu'il établit entr'elle et les hérétiques qu'elle frappe de ses anathèmes. Je me borne à dire (et aucun protestant ne me désavouera) que nous serons toujours heureux de considérer les catholiques comme nos frères, quand cette fraternité aura pour base la tolérance et la bienveillance réciproques; mais nous répudions de toutes nos forces toute fraternité qu'on voudrait rendre un moyen de rigueur contre des hommes qui (en admettant même l'accusation dont ils sont l'objet) n'auraient fait qu'imiter les auteurs de la réforme dans l'exercice du droit d'examen.

Le protestantisme, qui ne ferme les portes du ciel à aucune opinion, laisse à Dieu, je ne dirai pas le soin de sa vengeance (le mot de vengeance serait un blasphème), mais le droit de juger les hommes et leurs doctrines.

L'examen libre et sincère: voilà son principe. Si les chefs de notre réforme ont oublié quelquefois cette vérité, les protestans d'aujourd'hui déplorent ces déviations coupables; ils voudraient tous rayer de leurs annales le supplice de Servet : et ce crime de Calvin est une tache que ses immenses services ne sauraient effacer.

Le protestantisme est certes bien loin de comparer celui qui, présentant la morale sublime de l'Evangile dans son admirable pureté, ne parlerait pas de ses miracles, avec les bourreaux insensés et féroces (*) de l'auteur divin de ce livre de paix, d'amour et de charité.

Le protestantisme se garderait bien, après avoir rap-

(*) M. Michel Berr a adressé la lettre suivante à M. Benjamin Constant :

Monsieur et honorable Député,

En lisant ce matin le *Courrier français*, j'ai aperçu une lettre signée de vous, je me suis promis aussitôt une vive et noble jouissance : mon espoir n'a pas été trompé; vous avez encore une fois défendu, avec la supériorité de talent et de raison habituelle à vos productions, la liberté des consciences et les principes si favorables à cette liberté du culte que vous professez. Mon plaisir cependant n'a pas été complet : vous apprendrez, sans aucune surprise, que j'en ai éprouvé un peu en lisant, dans

pelé la loi sévère du sacrilége, de déclarer qu'un écrivain dont le délit (si délit y a) ne consiste que dans le silence, est mille fois plus coupable que les malheureux que cette loi condamne à mort. Le protestantisme ne demande vengeance contre personne; il n'appelle le glaive sur aucune tête, la prison contre aucune opinion.

---

votre excellente lettre, les lignes suivantes. « Le protestantisme, dites-» vous, est bien loin de comparer celui qui, présentant la morale » sublime de l'Évangile dans son admirable pureté, ne parlerait pas de » ses miracles, avec les bourreaux insensés et féroces de l'auteur divin » de ce livre de paix, d'amour et de charité. »

Une explication est ici indispensable vous l'accorderez bien volontiers. De qui entendiez-vous parler ? Est-ce des hommes qui condamnèrent celui qui devint l'objet de l'adoration des uns, et que d'autres ont pu regarder comme le Socrate de la Judée? Oui, sans doute; c'est d'eux seuls, et la voix de presque tout le genre humain vous répond et vous approuve. Mais certes, vous n'avez pas voulu désigner cette classe d'hommes contre laquelle s'élève aujourd'hui de nouveau la flamme des bûchers et la voix féroce de leurs affreux apologistes, et qui, en n'admettant ni la croyance nazaréenne, ni la mission de son fondateur, ne fut depuis des siècles, et en ce moment encore, que rester fidèle à sa conscience, à la foi de ses pères, sanctionnée et témoignée aussi, comme elle peut l'être encore, par la hache des bourreaux et le sang des martyrs

Je connais d'avance votre réponse je l'attends par la même voie que celle dont je me sers pour vous adresser cette lettre.

Agréez, etc. Michel BEER.

Paris, 15 septembre 1826.

Voici la réponse de M. Benjamin Constant :

Monsieur,

Si je traitais de monstres les bourreaux de Bailly et de Malesherbes, la nation française ne se croirait point offensée. Si je qualifiais d'assassins exécrables les auteurs de l'auto-da-fé récent de Valence, la partie éclairée de la nation espagnole n'en serait point atteinte. Si je flétrissais de réprobation les juges infâmes de Russel et de Sidney, la nation anglaise n'y verrait point d'outrage. Vos co-religionnaires seraient-ils plus om-

Ne croyez point qu'en disant ici ce que le protestantisme ne fait pas, je veuille insinuer, par une injurieuse et injuste allusion, que le catholicisme le fait. Je crois que M. l'Avocat du roi s'est trompé aussi sur l'esprit du catholicisme, au moins de celui que professaient Fénélon, Massillon, Vincent de Paule, et que notre charte a consacré. Le jugement qui sera prononcé, prouvera si je me trompe.

Je n'écris ici que comme protestant. Si j'écrivais comme ami de la liberté de conscience et de la charte, que de réflexions je pourrais ajouter! Où serait la liberté de conscience, dans un pays où l'on n'oserait, sous peine des cachots et de l'amende, louer la morale de l'Évangile, sans faire en même temps sa profession de foi sur sa partie miraculeuse? Où serait la liberté de la presse, si le silence équivalait à la négation formelle? Où serait-elle, cette liberté, si l'on admettait cette conclusion que je transcris littéralement: « Vous n'en parlez pas! c'est justement pour cela que vous le niez! » Où serait toute liberté légale, si, admettant ce système interprétatif du silence même, les juges sortaient des bornes que M. l'Avocat du roi trouve trop étroites, et ne voyaient plus le corps du délit, les faits constatés, les paroles écrites, mais le but attribué par l'accusateur à l'absence des pa-

---

brageux? Les crimes n'appartiennent qu'à ceux qui les commettent. Je serai toujours le premier à réclamer la liberté religieuse, pour les Israélites comme pour tous. Mais je les sépare de ce qu'il y a d'odieux et de féroce dans leurs annales, comme dans celles de tous les peuples. S'il y en avait qui réclamassent la solidarité des iniquités commises par d'autres, en d'autres temps, j'attacherais peu de prix à leurs opinions; et, sous ce rapport, une explication me serait assez inutile.

Agréez, etc. Benjamin CONSTANT.

Paris, le 15 septembre 1826.

roles, l'intention supposée par l'accusateur dans l'absence des faits ?

Mais je n'ai, ni le temps, ni la volonté, de m'engager dans cette discussion. Je n'ai pris la plume que pour repousser, au nom du protestantisme que je professe, toute participation, tout assentiment à des poursuites contraires à son esprit et à ses principes. Je n'ai pas mission de juger d'ailleurs la convenance de cette poursuite dans l'intérêt d'une autre croyance. Les tribunaux prononceront. De nombreux antécédens permettent l'espoir. Le ministère public (telle est ma conviction profonde et intime) nous aura fourni un motif nouveau de bénir cette magistrature française, qui lutte, avec une fermeté si méritoire, contre des congrégations ennemies à la fois des rois et des peuples, et qui, dans cette occasion très importante, sauvera les libertés religieuses et constitutionnelles que Charles X a juré de maintenir.

Benjamin CONSTANT.

L'ÉTOILE. — 15 *Septembre*.

L'article que nous avons publié hier, et celui que nous avons donné dans notre numéro du 11, répondent suffisamment au *Courrier Français* (*) et au plaidoyer de M. Lucas, inséré dans la *Gazette des Tribunaux* (**). Cependant, parmi les assertions révoltantes que contenait hier le *Courrier*, il en est une qui est un mensonge monstrueux, et que nous croyons devoir relever avec d'autant plus d'indignation que le but en est plus évident et plus coupable. Le *Courrier* voudrait faire croire que

---

(*) Voyez pag. 70.

(**) Voyez ce Plaidoyer, ci-devant, pag 51.

les catholiques croient à la divinité de la Vierge comme à celle de Jésus-Christ.

Or, voici ce que dit Bossuet, après tous les catholiques de tous les temps et de tous les pays, dans son *Exposition de la foi catholique*, approuvée par l'Église romaine :

« L'Église enseigne que tout culte religieux se doit » terminer à Dieu comme à sa fin nécessaire, et si l'*hon-* » *neur* qu'elle rend à la sainte Vierge et aux saints peut » être *religieux*, c'est à cause qu'il se rapporte néces- » sairement à Dieu.

» Il est donc vrai qu'en examinant les sentimens in- » térieurs que nous en avons, on ne trouvera pas que » nous les élevions au-dessus de la condition des créatu- » res ; et de-là on doit juger de quelle nature est l'hon- » neur que nous leur rendons au-dehors, le culte exté- » rieur étant établi pour témoigner les sentimens inté- » rieurs de l'âme. »

M. Benjamin Constant (*) publie aujourd'hui dans le *Courrier français* ses réflexions sur le procès du libraire Touquet, et en particulier sur le plaidoyer de M. Levasseur, Avocat du roi. Il s'y montre offensé de ce que ce magistrat a demandé la punition du COUPABLE, au nom de Genève comme au nom de Rome. Les protestans, à ce qu'affirme M. Benjamin Constant, qui se constitue l'interprète de leurs doctrines, seront toujours heureux de considérer les catholiques comme des frères, quand cette fraternité aura pour base la tolérance et une bienveillance réciproque.

Nous nous permettrons de demander à M. Benjamin Constant de quelle espèce sont la *fraternité*, la *tolérance* et la *bienveillance* que témoignent les protestans

(*) Voyez pag. 15.

anglais à huit millions de catholiques, leurs frères, qui réclament vainement, chaque année, contre les lois d'oppression et de dégradation sous lesquelles ils gémissent.

Nous demanderons enfin à M. Benjamin Constant, si en Allemagne, si en Suisse même, son pays natal, il ne connaît pas des villes où un citoyen est exclu de toute fonction, uniquement parce qu'il professe la religion catholique que lui ont transmise ses pères.

M. Benjamin Constant ne dissimule pas sa surprise de voir un magistrat catholique dénoncer à la justice un ouvrage qui lui paraît contraire à la foi chrétienne; nous nous bornons aujourd'hui à le prier de vouloir bien se rappeler quelle a été la conduite des juges protestans en Angleterre, relativement à Carlile, accusé et convaincu d'avoir outragé le christianisme. Mais il nous paraît convenable. pour nous expliquer sans réserve, d'attendre que le procès du libraire Touquet soit jugé définitivement.

CONSTITUTIONNEL. — 16 *Septembre.*

Copie littérale de la lettre de M. Benjamin Constant, insérée dans le *Courrier français* de la veille.

DRAPEAU BLANC. — 16 *Septembre.*

A la suite de la lettre de M. Benjamin Constant:

Nous sommes loin de vouloir aggraver la position de ceux contre lesquels des poursuites sont dirigées. Loin de nous une pareille intention, qui n'est ni dans nos principes, ni dans notre manière habituelle de traiter de pareilles questions! Mais, en laissant là l'éditeur de l'Evangile *in*-32, nous croyons pouvoir hazarder quelques mots en faveur du ministère public, puisque l'honorable député a cru devoir l'attaquer.

Nous demanderons donc à M. Benjamin Constant de

quelle manière sont imprimés les nombreuses Bibles et les Evangiles que les diverses sociétés formées au sein des sectes protestantes répandent avec tant de profusion dans toutes les parties du globe et en toutes les langues connues. Qu'il nous dise si l'Evangile, principalement, soit qu'il serve à l'instruction de l'enfance, soit qu'il réunisse les fidèles dans les temples, soit enfin qu'il aille éclairer les nations les plus barbares, n'offre point le texte dans toute sa pureté, sans altération, sans aucune défiguration. Bien plus, c'est le désir de conserver ce dépôt précieux dans son intégrité, dans sa simplicité primitive, qui a été le motif apparent ou le prétexte de la réforme. Les grands réformateurs, qui ont présidé à cette scission dans le christianisme, n'ont-ils pas reproché à la cour de Rome d'avoir dévié non-seulement de l'esprit, mais encore de la lettre des saintes Ecritures? Les zélés protestans ne se prétendent-ils pas les seuls vrais chrétiens, par cela seul que la discipline de leur Eglise est conforme en tous points à la loi de Jésus-Christ et aux actes de ses apôtres? Dès-lors, nous ne voyons pas que M. le Procureur du roi se soit écarté, non seulement de ses attributions, mais encore des règles de la modération et de la tolérance, en intéressant Genève et Rome dans cette cause. Nous sommes convaincus, au contraire, que le berceau de la réforme y est bien plus intéressé que la métropole du catholicisme. Celle-ci ne peut être ébranlée par un misérable opuscule, qui peut bien pervertir quelques esprits et favoriser le dérèglement de cœur de quelques hommes isolés, tandis que le protestantisme se corrompt et marche à grands pas vers sa ruine, miné par le scepticisme, les faux systèmes, et la religion de pur sentiment qui s'y sont introduits, en un mot par le *déisme* ou le *nihilisme*.

L'ARISTARQUE. — 16 *Septembre.*

Il vient de paraître, dans un journal philosophique et littéraire (*), un article dont la lecture nous a inspiré des sentimens si pénibles, que nous ne pouvons nous empêcher de nous plaindre en les exprimant, dussions-nous blesser des écrivains dont les travaux, certainement estimables par le talent qui y est déployé, n'en ont pas moins l'air de n'être inspirés que par la haine la plus violente contre notre religion. Assurément il n'est jamais entré dans les vues de l'*Aristarque* de combattre la liberté des cultes, encore moins celle de la presse, ni surtout de signaler à l'animadversion publique les honorables efforts des esprits sages, indépendans et réfléchis ; mais quand ces efforts, bien loin d'être honorables, n'ont d'autre but que de livrer la guerre aux objets les plus élevés de notre vénération, quand surtout la liberté de la presse est calomniée par tant de gens intéressés à la faire supprimer, c'est un devoir (même des organes habituels de l'opinion) de reclamer contre les abus déplorables de la faculté d'écrire, et de démontrer ainsi que, dans l'usage même de cette faculté, le remède est placé à côté du mal.

Les tribunaux s'occupent en ce moment d'examiner l'innocence ou la culpabilité de l'édition *in*-32 que MM. Touquet et Marchand-Dubreuil ont donnée de l'*Evangile.* MM. les gens du roi incriminent ce petit livre, « comme contenant, dans son ensemble et dans ses détails, le double caractère d'offense et à la morale religieuse et à la religion de l'Etat, en ce que l'éditeur a supprimé les pro-

(*) Voir *le Globe* du 9 août, page 21.

diges qui signalèrent la naissance, la vie, la mort et la résurrection de N. S. Jésus-Christ; que cette suppression outrage la religion de l'Etat, qui, considérant l'Evangile comme un livre divin et inspiré, est offensée d'en voir changer ou ôter un seul mot; que l'éditeur ayant annoncé qu'il publiait non seulement la partie morale, mais encore la partie historique de l'Evangile, semble, en supprimant les faits miraculeux, les considérer comme fabuleux et chimériques, et comme ne devant pas faire partie de l'histoire de la religion chrétienne; que cette suppression a pour objet de détruire la croyance fondamentale à la divinité de Jésus-Christ, qui nous est manifestée par des miracles, et que lui-même n'est plus présenté que comme un simple philosophe; qu'ainsi la morale religieuse est attaquée, puisque son auteur est ainsi dépouillé du caractère divin : ce qui constitue les délits prévus par les art. 1er et 8 de la loi du 17 mai 1819, et 1er de celle du 25 mars 1822. »

Malgré ce réquisitoire, qui intéresse toutes les communions chrétiennes et toutes les religions librement exercées, même le mahométisme tout fraîchement débarqué en France, un journal littéraire, et toujours guindé jusqu'au ton philosophique, se livre à l'apologie de la nouvelle édition avec une ardeur d'impiété que la plus facile tolérance ne pourrait excuser. Nous ne craignons pas d'affirmer que cette apologie est plus revoltante que l'édition incriminée elle-même, en ce que celle-ci conserve au moins quelques parties admirables de l'édifice qu'elle veut ruiner, tandis que l'écrivain philosophe, au contraire, affecte de dépouiller toute pudeur, et emploie toutes les ressources de son esprit pour ajouter encore au scandale.

Du reste, nous n'entrerons pas ici en controverse avec

l'écrivain dont les idées nous blessent. Nous ne rechercherons pas s'il est bien ou mal fondé à prétendre que le procès fait à l'édition dont il s'agit, offensé la liberté des cultes, menace le judaïsme ; nous n'examinerons pas même quel profit il peut y avoir, pour une secte quelconque, à la négation de telle ou telle vérité du catholicisme.

Nous nous contenterons d'observer, pour réfuter en peu de mots toute la théologie anti-religieuse de cet écrivain, que les Juifs eux-mêmes sont intéressés dans le procès, puisqu'ils attribuent à Jésus-Christ un caractère surnaturel ; que le mahométisme reconnait aussi en Jésus-Christ un grand prophète ; que toutes les sectes chrétiennes, même celles qui nient la divinité du fils de Marie, fondent leur croyance sur une mission divine dont il a été l'organe et l'instrument ; que toutes ces sectes adoptent, par conséquent, comme de fait, les récits miraculeux de l'Evangile ; et qu'ainsi, le plus grand outrage qu'il soit possible de faire à la morale religieuse, c'est de miner, par quelque moyen que ce soit, le fondement de cette morale, c'est-à-dire, le dogme, portion de la croyance qui communique à cette *morale* le caractère *religieux*.

Mais que penser de celui qui, aidé du prétexte de discuter un point de droit public, irait encore renchérir sur les attentats seulement présumés des autres, et offenserait formellement ce que les autres peuvent bien n'avoir attaqué qu'innocemment et comme par maladresse ? Que penser surtout d'un ministère qui dirigerait ses poursuites contre ces derniers, et qui laisserait les premiers en paix, comme il arrive à l'occasion de la nouvelle édition de l'*Evangile?* Certes, si le rédacteur de la feuille où l'on s'est permis de heurter de front le mystère le plus auguste de notre croyance, la divinité de Jésus-Christ, avait dirigé ses mêmes coups contre quelques-unes de ces déités ministérielles, qu'il tarde tant à la France de voir jeter à bas de leurs autels, l'imprudent écrivain n'aurait-il pas été obligé d'aller rendre compte à MM. les gens du roi de ses audacieuses tentatives?

Et cependant, il n'en sera pas ainsi : qu'importe à nos ministres que Dieu soit détrôné, s'ils ne sont pas chassés du pouvoir? Aujourd'hui, on est sûr de l'impunité dans la licence de la presse, pourvu qu'on ne s'en prenne qu'à ce qui n'est pas l'homme et absolument l'homme ; c'est-à-dire, tel homme, tel personnage, tel ministre! On pourrait signaler des milliers d'ouvrages où tout ce que l'impiété a de plus dégoûtant et le mensonge de plus artificieux est accumulé, et qui circulent néanmoins avec liberté dans la France, sans que le ministère s'en inquiète et ait l'air d'y faire seulement attention. Cependant il est des lois répressives, des lois suffisantes, même des lois très-sévères. L'impunité accordée serait-elle une artificieuse combinaison, pour que la grandeur du mal, toujours progressive, puisse devenir une justification d'entreprises illicites, et cependant méditées depuis long-temps, contre nos droits les plus précieux?

S'il en était ainsi, la négligence acquerrait un caractère horrible : elle cesserait même d'être négligence, pour devenir le résultat d'une tactique odieuse, coupable, vouée à l'exécration de tout ce qu'il y a d'honnête parmi les Français.

Quant à nous, nous ne cesserons de remplir la noble tâche que nous impose le titre de notre journal, c'est-à-dire, de surveiller et de signaler toutes les fautes, toutes les impérities, tous les projets téméraires, toutes les omissions coupables. Nous serons surtout très-heureux de pouvoir suppléer, comme dans le cas présent, à l'attention de nos ministres, et, après leur avoir dit si souvent ce qu'il ne faut pas faire, de faire ce qu'ils ne veulent pas, c'est-à-dire, défendre la religion pour la religion elle-même, et non pas seulement à cause des intérêts humains qui peuvent s'y trouver engagés.

JOURNAL DU COMMERCE. — 16 *septembre*.

Le procès intenté à M. Touquet, accusé d'avoir publié un extrait de l'Evangile, vient de soulever une question de liberté publique qu'aucun publiciste, aucun orateur n'avait osé résoudre jusqu'ici, ni même aborder franchement. Il s'agit de savoir s'il est légalement permis à un incrédule de critiquer une opinion religieuse; et, en d'autres termes, si les opinions philosophiques, quelles qu'elles soient, ont droit de se produire sous la protection de l'art. 8 de la Charte.

C'est ce que nie positivement M. Levavasseur dans son réquisitoire contre M. Touquet. Voici son raisonnement : M. Touquet a commis le délit d'outrage à la religion de l'Etat, en publiant l'Evangile réduit à sa partie morale; car, par cette publication, il a manifesté son mépris pour les saintes Ecritures, il a nié les prodiges de l'Homme-Dieu, il a nié enfin la divinité du Christ. Or, ce qui serait permis au protestant, au juif, à l'anabaptiste, au socinien, comme l'a dit M. Touquet, et comme en est convenu M. l'Avocat du roi, ne saurait l'être également au simple philosophe, attendu que l'art. 5 de la Charte ne protège que l'exercice des cultes, ou, pour mieux dire, que la manifestation d'une opinion religieuse. Ainsi, pour entrer dans la fiction du ministère public,

M. Touquet est coupable, parce que ce n'est point dans l'intérêt d'un culte quelconque, mais au profit de la philosophie seulement, qu'il s'est permis d'abréger l'Evangile. Enfin, dit formellement M. Levavasseur, il est interdit à ceux qui n'ont point de religion, de critiquer celles qui sont en vigueur.

M. l'Avocat du roi n'a sûrement pas réfléchi à quoi il s'engageait, en posant aussi nettement une question si vaste. Il est bien dangereux, pour une doctrine, de la rendre trop claire, lorsqu'elle choque le sens commun; il est imprudent de nier avec tant d'assurance un droit dont l'usage est universellement établi. Jusqu'ici, comme nous le disions plus haut, nos hommes d'état ou nos écrivains politiques avaient éludé la question que vient de trancher M. Levavasseur. Dans la mémorable discussion soutenue avec tant d'éloquence par M. de Serre, en faveur de la liberté de la presse, ce ministre et ses amis déclarèrent, comme M. l'Avocat du roi, qu'il résultait de l'art. 5 de la Charte, que la controverse était libre entre les cultes dissidens; mais ils n'osèrent pas s'expliquer catégoriquement au sujet des opinions philosophiques: et le côté gauche s'accorda avec le côté droit de l'assemblée pour respecter leur discrétion.

C'est à la faveur de cette réserve un peu timide du pouvoir, et au milieu de l'hésitation des partis qui semblaient craindre de compromettre leur cause en cherchant à la faire triompher trop complètement, que le public a continué de consacrer, par l'usage, un droit qui, à la vérité, est antérieur à toutes les chartes du monde, mais qu'aucune loi organique n'avait jusqu'alors établi ni infirmé parmi nous.

Ainsi, le monde lettré a continué de se livrer assez paisiblement à des études ou à des discussions qui, suivant la doctrine de M. l'Avocat du roi, seraient bien autrement outrageantes pour la religion de l'État que l'innocente publication de M. Touquet. Il est clair (toujours suivant la doctrine de M. l'Avocat du roi) que les recherches géologiques, les expériences de physique, les traités de chimie, les cours de physiologie, l'observation des astres; il est clair que l'étude de la médecine et de l'histoire, telle qu'on la cultive aujourd'hui dans nos écoles et dans nos académies avec l'approbation des magistrats, constitueraient le délit d'outrage à toutes les cosmogonies religieuses, et seraient la négation implicite de tous les miracles racontés dans les livres saints. L'impiété prétendue de cet honnête M. Touquet est bien pâle à côté de l'incrédulité monstrueuse qui ressort visiblement des travaux journaliers de Messieurs de l'académie des sciences et de l'académie des inscriptions. Si M. Levavasseur faisait un retour sur lui-même, il serait effrayé en se rappelant que, plus d'une fois peut-être, il s'est rendu complice des écrivains du dix-huitième siècle, en souriant des bouffonneries irréligieuses de Voltaire et de son école.

Avant de foudroyer ce pauvre M. Touquet, qui n'a péché que de la *largeur de sa langue*, il faudrait commencer par fermer l'Institut, interrompre nos cours publics, arrêter l'impression de tous les traités et manuels scientifiques, par détruire enfin toutes les traces des travaux entrepris par nos savans depuis au moins deux siècles.

Il est évident que M. Levavasseur n'a pas songé à toutes ces choses, lorsqu'il s'est pris corps à corps avec M. Touquet, éditeur de la *Bibliothèque populaire*. Il ne se doutait pas qu'il allait engager son zèle dans une lutte interminable avec tous nos savans, tous nos gens de lettres, avec tous nos imprimeurs et nos libraires, avec la société tout entière, qui, depuis quelques siècles, a vécu, a grandi dans une atmosphère d'*impiété* que M. l'Avocat du roi peut maudire, mais où il est obligé de respirer. Sa foi est robuste sans doute, puisqu'il ne craint pas de rendre témoignage en présence des pensions et des rubans qui récompenseront un jour son martyre : mais il a beau faire, il est malgré lui de son siècle ; et il nous recevrait sûrement fort mal, si nous le comparions à un moine du moyen âge.

Nous venons de prouver que depuis bien long-temps, le monde lettré use assez largement, parmi nous, du droit que M. Levavasseur s'est si malheureusement imaginé de lui contester, à l'occasion de son démêlé avec M. Touquet, le droit d'exposer des systèmes scientifiques, même quand ils seraient peu d'accord avec les systèmes religieux. M. l'Avocat du roi traitera vainement ce droit d'usurpation : il y a prescription acquise en faveur du sens commun. Et quand la loi lui donnerait tort, quand les passions d'un jour condamneraient M. Touquet à faire amende honorable : qu'importe? A genoux et la torche au poing, il s'écrierait comme Galilée : *E pur si muove*, et pourtant elle tourne !

CONSTITUTIONNEL. — 17 *Septembre.*

Il est bien pénible d'avoir sans cesse à revenir sur des principes élémentaires et rebattus, sur des vérités que la toute-puissance des lois, l'évidence du raisonnement et l'intérêt de la société devraient avoir placées depuis long-temps au-dessus de toute discussion. Que d'argumens n'a-t-il pas fallu échanger, avant d'établir définitivement cet axiome constitutionnel : que la presse n'est qu'un des mille modes imaginés pour la manifestation de la pensée, et que, par conséquent, l'institution de toute censure préalable est la violation d'un droit naturel et sacré! Cette vérité finit aujourd'hui par être avouée de tous les partis; elle est devenue tellement usuelle qu'elle n'a plus même pour adversaires ceux qui savent le moins dissimuler leur aversion pour le gouvernement représentatif, et dont l'opiniâtreté s'attache à nous en refuser les plus essentielles conséquences. C'était de l'*arbitraire pur* que demandait franchement un ministre, homme d'esprit et de talent, chargé de proposer aux chambres l'établissement provisoire de la censure : et cet aveu était du moins un hommage rendu à la liberté. Cette liberté rencontrera peut-être encore ou de tièdes partisans, ou d'hypocrites ennemis, qui soutiendront l'opportunité de la suspendre; mais du moins, aucune agression directe n'oserait porter atteinte à sa légitimité.

Toutes ces controverses, dont le résultat a été de faire reconnaître enfin le droit d'imprimer ce qu'on pense, il paraît qu'il faut les recommencer aujourd'hui pour faire reconnaître à son tour le droit de penser en matière de religion. Par une interprétation aussi dangereuse qu'elle est erronée, un Avocat du roi vient de remettre en question l'une des plus fondamentales dispositions de la charte ; il accuse ce qu'il avoue être une croyance ; il invoque la sévérité des lois pénales contre l'exercice d'une faculté proclamée par la loi constitutionnelle. Nous regardons comme un devoir de lui répondre, en le priant de ne pas conclure de notre réfutation que nous adhérons aux principes qu'il suppose avoir présidé à la publication de l'*Evangile* in-32. Nous aussi, nous supposerons que ces principes sont réellement ceux de l'éditeur; car il ne s'agit pas ici des intérêts de M. Touquet, mais des droits de la liberté religieuse; nous nous garderons bien d'essayer d'établir que ce prévenu a respecté les miracles qu'on lui reproche d'avoir niés; c'est son affaire à lui, ce n'est pas la nôtre. Qu'il prouve qu'une omission n'est pas un délit, qu'une négation n'est pas un blasphême : c'est à quoi sans doute il réussira facilement. Quant à nous, une autre tâche nous est imposée : c'est aux doctrines positives du magistrat, et non à ses interprétations hasardeuses, que nous adressons notre blâme; c'est M. Touquet, incrédule aux miracles, que nous entreprenons de justifier.

La charte dit : « Tous les cultes sont libres. » Là, point d'équivoque; chacun honore la divinité comme il l'entend, admet ou repousse à son gré telle ou telle forme extérieure. Mais la charte dit aussi : « La religion catholique est la religion de l'Etat. » Ici commence, de la part des publicistes du parquet, la prétention d'enchaîner les consciences, en marquant les limites précises où l'examen philosophique doit s'arrêter. Qu'est-ce donc que la religion de l'Etat? Sous Louis XIV et sous Napoléon, c'eût été la religion du prince; mais vous repoussez vous-mêmes cette définition, que les idées actuelles, le dictionnaire et la constitution condamnent également. Serait-ce la religion du gouvernement? Sans examiner si le culte de l'Etat, ainsi entendu, en deviendrait plus impératif à l'égard des citoyens, il est facile de prouver, par les faits qui sont sous nos yeux, que le gouvernement ne professe en effet aucun culte particulier. S'agit il des chambres? Elles comptent, dans leur sein, des membres qui ne sont point catholiques, et dont plusieurs jouissent de la confiance et des faveurs du pouvoir. N'envisagez-vous que l'administration? Un Israélite au moins siége dans le conseil-d'état; un Protestant, M. Cuvier, vient tous les jours, par les ordres et avec la délégation directe du roi, soutenir à la tribune des chambres les projets ministériels. On n'a pas encore opposé à ces fonctionnaires la religion à laquelle ils appartiennent. De l'énoncé de ce fait seul, mieux que de toutes les argumentations, ressort inévitablement cette conséquence : que le catholicisme n'est pas le culte du gouvernement. Poursuivons. Si, par l'*Etat*, vous n'entendez, ni le prince, parce que la pudeur s'y oppose ; ni les dépositaires de son pouvoir, parce que l'Almanach royal vous le défend ; ni l'ensemble de la nation, puisque des cultes divers et contradictoires sont publiquement professés : il est évident que cette dénomination légale, ou n'a plus aucun sens, ou ne s'applique qu'à la pluralité actuelle des citoyens, comme énonciation d'un fait matériel. Définitivement, la charte, œuvre de sagesse et de bon sens, ne se trouve être ni catholique, ni juive, ni protestante. La disposition qu'on invoque a trait à un recensement, et non à une doctrine; c'est un article de statistique et rien de plus.

Quel est le délit imputé à M. Touquet ? Il nie les miracles par lesquels, suivant M. le Procureur du roi, s'est manifestée la divinité du Christ. Qu'est-ce que M. Touquet ? un citoyen français. Tous les citoyens français sont donc obligés de croire à certains miracles. Mais ces miracles, les Juifs en nient expressément l'authenticité; les Juifs ne sont donc pas des citoyens français ? Cependant leur culte est publiquement autorisé; aucun d'eux n'est poursuivi pour le fait de ses opinions religieuses. Comment se fait-il que ce qui est permis à une fraction considérable de citoyens unis dans une doctrine commune, soit interdit à un individu isolé ? Il faut donc absolument se déclarer juif, avant de pouvoir discuter la possibilité physique d'événemens surnaturels ; c'est-à-dire qu il n'est pas permis de contester les miracles du Christ,

qu'au préalable on n'ait nié formellement sa divinité. Une partie de la doctrine est sacrée; mais la doctrine tout entière cesse d'avoir droit au respect. Le scepticisme n'est toléré qu'à la condition d'aller jusqu'au sacrilége. La philosophie qu'on accuse dans un livre, serait innocente, si elle se produisait dans un temple par des blasphèmes réguliers et solennels. S'inscrire en faux contre l'Evangile, n'est rien; le commenter est tout. Le déicide est absous; et le déisme comparaît sur les bancs.

Etrange renversement de toutes les idées! Si M. Touquet observait la loi de Moïse, aucune action publique ne serait intentée contre lui; il échapperait à la peine par l'excès; il se sauverait du délit par le crime. Le culte privilégié n'aurait rien à lui dire, parce qu'il l'insulterait tous les jours à la face du soleil. On ne contesterait pas le droit de douter, à celui qui pourrait invoquer audacieusement le privilége de ne pas croire. Il y a mieux: tranquille vis-à-vis de l'autorité pour ce qu'il a omis dans son livre, il ne le serait pas auprès de sa secte pour ce qu'il a publié: un rabbin aurait le droit légal de lui adresser des réprimandes publiques; et la Charte, protectrice impartiale de tous les cultes, interdirait aux Procureurs du roi de procéder contre cette accusation d'un ministre israélite, reprochant à un de ses co-religionnaires une publication favorable à la religion de l'Etat.

Il n'entre pas dans nos vues de rechercher si M. Touquet peut légitimement ne pas croire à des miracles, soit seulement parce que ce sont des miracles, c'est-à-dire, des choses humainement incroyables, soit parce qu'il en est quelques-uns que des écrivains fort religieux ont depuis long-temps repoussés. Nous avons pris la question de plus haut. Chrétiens nous-mêmes, nous demandons si la Charte a fait à tous les Français une obligation d'être chrétiens. Attachés sincèrement à un culte, nous voulons savoir si tous les cultes sont constitutionnellement autorisés. Ecrivains, nous devons apprendre si la religion de Moïse est tellement privilégiée, qu'un citoyen juif pourrait outrager, tous les jours, avec impunité, des dogmes qu'un publiciste chrétien n'aurait pas le droit de discuter avec modération. La décision des magistrats dans l'affaire de l'*Évangile* va bientôt nous fixer. Cette décision sera importante sous tous les rapports. C'est la première fois qu'un délit d'omission religieuse est porté devant des juges français.

L'ÉCHO DU SOIR. — 17 *Septembre.*

La justice n'a point prononcé sur la grave question que vient de soulever le ministère public, à l'occasion du livre intitulé l'Évangile, *partie morale et historique.* La controverse est donc encore permise ; et c'est à la fois un droit et un devoir de soumettre aux magistrats les réflexions que nous inspire un procès dont les conséquences peuvent être funestes.

Il ne s'agit pas ici d'un délit commis par la voie de la presse, car on n'incrimine aucun passage de l'ouvrage dénoncé à la vindicte publique; il n'est question que d'un délit par voie d'intention, et, qui pis est, d'intention non exprimée. Jusqu'ici, nous avons vu se succéder diverses législations dont le but était de renfermer la liberté d'écrire dans des bornes plus ou moins étroites; mais, il faut l'avouer, on n'avait jamais songé à limiter ce que l'homme a de plus indépendant, la liberté de penser.

Nous nous garderons bien de réfuter sérieusement cette singulière proposition, que ne point parler d'une chose c'est la nier. Seulement nous nous permettrons quelques réflexions sur les dangers de cette manière d'argumenter.

Comment n'a-t-on pas senti quelles discussions délicates pouvaient naître d'une attaque si imprudente ? Si le sieur Touquet avait jugé à propos de ne point contester le système du ministère public ; s'il eût avoué qu'en ne parlant pas des miracles il les avait niés, mais qu'il eût soutenu en même temps que, dans un état où la liberté de conscience nous est garantie par la loi fondamentale, on est libre de ne pas croire aux miracles, et même de dire hautement qu'on n'y croit pas ; s'il eût prétendu que tout citoyen est libre d'embrasser la croyance qui lui semble la meilleure, et qu'à ses yeux la religion juive, qui nie les miracles et la divinité de Jésus, est la religion par excellence : que lui aurait-on répondu? Rien, sans doute ; et il ne serait resté de ce procès que le regret d'avoir provoqué une controverse peu profitable à la religion de l'Etat, qu'on a eu en vue de défendre.

D'où vient donc cette tendance funeste et peu charitable à prêter à autrui de mauvaises intentions ? Pourquoi employer un talent distingué à chercher péniblement un mal, qui, certes, en le supposant réel, n'est pas bien dangereux, puisqu'il faut tant de fatigue d'esprit pour le découvrir? N'est-ce pas ressembler à ces chimistes, qui analysent les substances les moins nuisibles, pour en extraire des poisons ?

Il y avait tant de manières favorables d'expliquer le silence de l'éditeur sur les miracles! En voici une, par exemple, que le ministère public aurait dû saisir de lui-même : car elle est parfaitement orthodoxe.

A l'époque de la mission de Jésus, des miracles pouvaient être nécessaires ; il fallait parler aux yeux des peuplades ignorantes et grossières, qu'une morale sans prestiges n'aurait jamais convaincues. Aujourd'hui, que le christianisme est établi sur des bases inébranlables, et que les peuples sont éclairés, ces miracles sont devenus inutiles : voilà pourquoi nous n'en voyons plus ; et voilà aussi pourquoi il est devenu moins nécessaire d'en parler. Ce qu'il y a d'imposant aujourd'hui, c'est la morale de l'Evangile.

Si nous étions appelés, par une vocation particulière, à enseigner le christianisme, il nous semble que nous parlerions d'abord de la morale de l'Evangile, et qu'après en avoir démontré toute la sublimité à nos élèves, nous les conduirions, ainsi préparés, à reconnaître la divinité de son auteur. Cette méthode ferait peut-être plus de chrétiens que la méthode inverse, qui consiste à étonner la raison avant de gagner le cœur.

Tout le procès peut se réduire à des termes bien simples : Cherchez-vous le délit dans le livre ? .. Il n'y est pas ; il ne renferme que paroles d'évangile. —Le cherchez-vous dans les intentions de l'éditeur ?... Elles sont impénétrables. Autrement, on ne saurait croire combien seraient faciles à construire ces accusations d'hérésie, qui, si l'on n'y prenait garde, risqueraient d'importer chez nous les beaux jours de l'inquisition espagnole. L'habile orateur qui a soutenu la prévention, ne serait pas plus qu'un autre à l'abri du soupçon, ne fût-ce que pour avoir dit que la morale de l'Evangile ne suffit pas pour prouver la divinité du Christ ; tandis que la perfection de cette morale est une preuve aussi forte, plus forte peut-être, de la mission de Jésus, que la perturbation momentanée des lois de la nature.

Certes, personne ne sera tenté d'accuser M. l'Avocat du roi de ne pas croire aux miracles, surtout depuis qu'il a cru possible de faire condamner l'éditeur de l'Evangile. Cependant, en s'emparant de son argument de prédilection, que ne pas parler d'une chose c'est la nier, on peut, dès son exorde, le taxer d'incrédulité. En effet, en y lisant avec l'attention la plus scrupuleuse l'énumération des bienfaits de l'Evangile, il est impossible d'en découvrir un seul qu'on puisse attribuer aux miracles : ils sont tous dus à la morale. Ou la réticence de M. l'Avocat du roi est coupable, ou celle de l'éditeur ne l'est pas.

Nous nous abstenons de toutes réflexions sur certaines paroles, qui sans doute ont échappé à M. l'Avocat du roi. Il n'aura pas manqué de sentir qu'il n'appartient pas à un catholique de parler au nom du protestantisme, et qu'on s'expose à être désavoué, quand on demande vengeance au nom de ceux qui ne se sentent pas offensés.

JOURNAL DU COMMERCE. — 18 *Septembre.*

Voici déjà ce qui arrive du procès intenté à M. Touquet :

M. Benjamin Constant désavoue, au nom des protestans, l'accusation du ministère public, et réclame contre ces paroles de M. Levavasseur : « Genève et Rome sont également intéressées dans cette cause; Genève est outragée comme Rome; Genève, comme Rome, demande vengeance. » Il rappelle que le principe du protestantisme est l'*examen libre et sincère.* « Le protestantisme, ajoute-t-il, est loin de comparer celui qui, présentant la morale divine de l'Evangile dans son admirable pureté, ne parlerait pas de ses miracles, aux bourreaux insensés et féroces de l'auteur de ce livre divin, etc. (*) »

Sur ces mots *bourreaux insensés et féroces*, M. Michel Berr prend la parole à son tour, au nom des juifs : « De qui entendez-vous parler? s'écrie-t-il; est-ce des

(*) Allusion aux paroles de M. l'Avocat du roi, qui a comparé la mutilation de l'Évangile à la Passion de Notre-Seigneur.

Cette note a motivé la lettre suivante :

Paris, 18 septembre 1826.

Monsieur,

Dans un article de votre numéro d'aujourd'hui, vous rappelez le passage de la dernière lettre au *Courrier français*, de l'honorable député M. Benjamin Constant, qui a donné lieu à celle que j'ai adressée avant-hier au même journal. Vous faites connaître en même temps que ce passage était une allusion à des paroles prononcées par M. l'Avocat du roi, qui avait comparé la mutilation de l'Évangile par le libraire, aux souffrances et à la mort de Jésus-Christ.

Permettez-moi de me servir de la voie de votre estimable journal, pour déclarer que cette comparaison, plus qu'extraordinaire, m'avait entièrement échappé. Si je l'eusse remarquée, ma lettre au *Courrier français* n'eût pas été écrite, car les sentimens philanthropiques renfermés dans la réponse, et que je savais d'avance avoir provoqués, résultaient naturellement du passage même auquel s'appliquaient les paroles de l'honorable député. Je ne regrette cependant pas de l'avoir écrite, puisque j'y ai trouvé l'occasion de parler de ce qui se passe dans d'autres pays, et de rompre à ce sujet un silence qui commençait à peser à ma délicatesse.

Je ne m'attendais pas du reste que le respect, la convenance, ou plutôt la justice avec laquelle je me suis exprimé dans toutes les parties de cette lettre, désarmassent en ma faveur quelques écrivains fanatiques ou qui font semblant de l'être; et un journal d'aujourd'hui m'a prouvé qu'en ne pas m'y attendant, je ne m'étais pas trompé.

Agréez, etc. Michel Berr.

hommes qui condamnèrent celui qui devint l'objet de l'adoration des uns, et que d'autres ont pu regarder comme le *Socrate de la Judée?* »

Quels outrages à la religion de l'Etat! Quoi! l'un revendique le droit d'examen, même sur l'Evangile! et l'autre appelle Jésus-Christ le Socrate de la Judée! il le réduit à la condition d'un simple philosophe!

Soumettre l'Evangile à l'examen, c'est bien pis que de l'abréger; dépouiller Jésus-Christ de sa divinité, c'est bien pis que de retrancher les miracles de son livre.

Mais, dira M. l'Avocat du roi, M. Benjamin Constant et M. Michel Berr sont dans leur droit: l'un peut, comme protestant, exercer sur toute espèce de doctrine le droit d'examen; l'autre, comme juif, n'est pas tenu de croire à la divinité de l'auteur de l'Evangile. M. Touquet est dans un cas bien différent: pour un catholique, les miracles sont incontestables, et le Christ est Dieu légalement.

Ce n'est pas nous qui disons ces sottises; elles sont la conséquence rigoureuse des distinctions qu'on a établies.

A l'avenir, lorsqu'un écrivain sera traduit en police correctionnelle, sous la prévention d'outrage à la religion de l'Etat, il ne suffira pas qu'il déclare ses nom, prénoms, profession et domicile, on lui demandera encore quelle est sa religion; car il pourra être ou condamné ou renvoyé de la plainte, selon qu'il sera juif ou chrétien, catholique ou protestant.

S'il répond qu'il est tout simplement philosophe ou savant, qu'il ne s'agit dans son livre que d'astronomie ou de métaphysique, ou de géologie ou de physiologie; n'importe: il faudra qu'il s'explique. Un fait scientifique peut être une vérité selon Genève, et un mensonge selon Rome ou selon Jérusalem. La terre ne tourne pas pour tout le monde. Pour celui à qui son culte enseigne que

Josué arrêta le soleil, il est clair que le soleil fait encore sa révolution quotidienne autour de notre globe.

LE COURRIER FRANÇAIS. — 18 *Septembre*.

La question soulevée par la publication de l'Evangile *in*-32, va être judiciairement décidée cette semaine; et nous croyons qu'il est dans l'intérêt de la vérité, comme dans celui des accusés, de recueillir toutes les lumières propres à l'éclairer. Nous nous empressons, en conséquence, de publier une lettre qui nous est adressée par le rédacteur de la *Revue protestante*, dont on peut ne pas partager toutes les opinions, mais qui, en sa qualité de protestant éclairé et croyant, ne saurait être récusé par ceux qui prétendent unir dans *une même vengeance* le protestantisme et la foi catholique. Cette lettre contient d'ailleurs des faits peu connus en France, et qui paraissent surtout avoir été totalement ignorés de M. l'Avocat du roi, qui a porté la parole dans l'affaire de l'*Évangile* in-32.

Monsieur,

« La lettre de mon ami, M. Benjamin Constant, où il a parfaitement exposé l'esprit du protestantisme, laisse encore place à quelques observations de détail que je crois devoir vous adresser.

» Les poursuites exercées contre l'*Évangile* en format *in*-32, ont soulevé les plus graves questions sur le droit d'examen des livres sacrés, voici sur ce point nos principes. Il les faut appliquer, même à la mutilation que M. Touquet a fait paraître.

» La liberté de conscience comprend aussi le droit incontestable d'interpréter les livres saints au gré de la raison individuelle de chaque écrivain ou fidèle. Une science très vaste et du plus grand intérêt est née en Allemagne de cette liberté même, c'est l'*Exegèse* et la critique sacrée.

» Cette critique a souvent mené nos théologiens à rejeter, comme non authentiques, des parties des écritures saintes que d'autres ministres ont admises. Entre une foule d'autres écrivains, je citerai seulement les professeurs de Wette et Wegschneider, qui ont retranché presque tous les miracles, en les expliquant par les lois naturelles. M. Wegschneider même a rejeté nominativement le *miracle* de la résurrection de Jésus-Christ.

» Les travaux des théologiens anglais n'ont pas été moins hardis. Une école fondée par Priestley, et soutenue de nos jours par Rees, Fox et Belcham, a publié les traductions *améliorées* (*improved versions*), dans lesquelles une foule de passages sont rendus tout autrement que nous ne les admettons en France. Ces traductions ne conservent plus aucune trace de la divinité du sauveur, ni du dogme de la trinité. On sait d'ailleurs que ces dogmes sont rejetés en Angleterre par une secte très-nombreuse, les *Unitaires*, qui comptent près de 300 églises, et publient plusieurs journaux dans le sens de leurs principes. Leurs opinions sont loin d'être celles des protestans français ; mais il faut réfuter les *Unitaires*, sans leur contester la protection à laquelle ils ont le même droit que nous.

» Il a paru, en Angleterre, des ouvrages nombreux, précisément dans le genre de l'*Évangile* in-32. Les *Scripture lessons*, que j'ai vus, sont de petits livres destinés à l'instruction élémentaire, où beaucoup de *miracles* et de *mystères* sont retranchés, et où la partie historique est ordinairement conservée. On écarte ainsi, des regards de l'enfance, tout ce qui pourrait être obscur ou prématuré.

» Je partage tout à fait la sollicitude très louable du ministère public, pour le respect dû au texte de l'Écriture. Je désapprouve complètement les mutilations qu'on lui a fait subir ; mais je respecte aussi les droits illimités de l'interprétation. Si les mutilations, *quelles qu'elles soient*, sont faites d'une manière sérieuse, avec la décence que comporte d'aussi graves questions, il m'est impossible d'y voir matière à des poursuites. Du moins en Angleterre on respecte l'Écriture, pour ainsi dire, jusqu'à l'adoration ; et jamais un ouvrage de ce genre n'est classé comme *libelle* et poursuivi en justice.

» Il me paraît impossible que les magistrats consentent à enjoindre aux théologiens et aux fidèles de ne pas interpréter l'Évangile, comme il convient à leur raison Ce serait proclamer la *vulgate*, cette version souvent inexacte de Jérôme, *une version officielle* ; ce serait confirmer par la charte les anathèmes du concile de Trente, qui ont défendu à tout fidèle d'oser s'en écarter. (*interpretari audeat*)

» Je serais tout à fait de l'avis de M. l'Avocat du roi, si l'on publiait un Evangile *travesti* et *faussé* d'une manière dangereuse; si, par exemple, de sa morale sublime, on venait déduire les *probabilités* et les *restrictions mentales* de la compagnie appelée *de Jésus* ; mais dès que les mutilations, faites de bonne foi, retranchent décemment telle partie *dogmatique* ou *miraculeuse*, c'est une affaire d'interprétation et d'examen; c'est une erreur, une indiscrétion, qu'on peut réfuter; mais ce n'est, sous aucun point de vue, un délit qu'on puisse punir.

» Je le dirai nettement : l'*Évangile* in-32, tel qu'il se montre sous les ciseaux de M. Touquet, est une œuvre qui blesse étrangement ma conviction. Je regarde comme absurde et déraisonnable de séparer la morale du dogme, parce que l'essence de la religion de Jésus-Christ est justement l'union de ces deux choses, le principe sublime qui fait que le devoir découle impérieusement de la croyance. La révélation n'est, ni une philosophie, ni une leçon; elle est ces deux choses à la fois. Elle fonde la vertu sur le dogme, et la liberté sur la lumière. Quoique les doctrines protestantes, comme je les entends, désapprouvent ce livre, le protestantisme ne saurait se porter partie accusatrice contre l'*Évangile* in-32. Il l'examinera, il le réfutera, mais il saura respecter, jusque dans ses erreurs, cette sainte et admirable liberté d'examen, qui produit quelquefois des systèmes monstrueux, mais à laquelle on est redevable aussi de toutes les preuves qui établissent victorieusement la divinité des Écritures.

» La liberté des opinions doit être maintenue, malgré ses écarts. Comme toutes les libertés, à côté de ses bienfaits, elle peut donner naissance à quelques abus. Mais son exercice est toujours un droit saint et inviolable, qu'il faut sauver de toute atteinte. Le législateur ni le magistrat ne peuvent point viser à établir une perfection idéale; mais ils doivent, comme nous, supporter respectueusement les divergences d'opinion que Dieu lui-même a mises dans l'esprit humain. Liberté d'examen, est la seule loi d'où la vérité puisse jaillir, comme c'est la seule bannière qu'elle puisse arborer.

» Le rédacteur de la *Revue protestante*. »

LA QUOTIDIENNE. — 18 *Septembre.*

M. Benjamin Constant, en établissant le système de la liberté absolue des opinions en matière religieuse (*), n'avait pas vu qu'il ouvrait la porte à toute espèce de systèmes. Il avait soutenu qu'on pouvait publier l'Évangile dépouillé de ses miracles; voici M. Michel Berr qui vient, en vertu de ce principe, nier la divinité de Jésus-Christ, au nom du judaïsme (**). Où s'arrêtera donc cette licence de discussions publiques! Quoi, en vertu de la liberté des consciences, il sera permis à tout individu de s'élever contre ce que les chrétiens adorent, et de blasphémer dans les journaux? Or, ce ne peut être ainsi que la charte doit être interprétée. Que le juif professe librement sa croyance, qu'il adore en paix dans la synagogue, voilà la liberté; mais qu'il se renferme dans ces limites, au-delà desquelles il n'est plus sur le terrain légal et constitutionnel. On parlera sans doute d'intolérance, de bûchers; mais ces mots vagues et mensongers ne réussissent plus aujourd'hui: il n'y a pas d'intolérance, lorsqu'on ne force pas les opinions; et ce n'est pas forcer les opinions que de défendre de blasphémer contre la religion de l'État. En résumé, il y a liberté de culte et non point égalité. Autrement, pourquoi la charte aurait-elle établi une religion de l'État?

LE COURRIER FRANÇAIS. — 19 *Septembre.*

La *Quotidienne* paraît s'effrayer aujourd'hui des suites

(*) Voyez la lettre de l'honorable député, ci-devant page 84.

(**) Voyez la lettre de M. Berr et la réponse de M. Benjamin Constant, pag. 85 et 86, aux *Notes*.

de la discussion ouverte par le réquisitoire de M. Levavasseur, Avocat du roi, contre la publicité de la morale de l'Evangile, isolée de ses miracles. Elle commence par se plaindre de ce que M. Benjamin Constant réclame la liberté absolue des opinions en matière religieuse, au nom du protestantisme, qui est fondé sur le droit d'examen. Rappelant ensuite que M. Michel Berr a nié la divinité de Jésus-Christ, au nom du judaïsme également autorisé par la loi fondamentale, elle se demande quand s'arrêtera cette licence de discussions publiques? Nous lui répondrons que la question n'a point été soulevée de notre fait, mais par l'imprudence du parquet. En pareille matière, les journaux de l'opposition n'ont point coutume de prendre l'initiative; ils savent que la controverse présente, dans ses résultats, peu d'avantage pour le bonheur des peuples et les progrès de la civilisation. Mais lorsqu'un Avocat du roi traduit un citoyen devant les tribunaux pour offense au catholicisme, le procès qui lui est intenté importe à l'universalité des citoyens : ils peuvent, il y a plus, ils doivent éclairer l'opinion publique de leurs lumières privées, parce qu'ils ont un intérêt direct à ce que la sentence qui interviendra, soit conforme aux principes de notre droit public et constitutionnel.

Il est possible que M. Touquet eût agi avec plus de prudence, en donnant, dans le moment présent, une autre direction à ses travaux. Il n'en est pas moins vrai qu'il n'a contrevenu à aucune loi écrite, et que par conséquent il n'a encouru aucunes peines : celles-ci ne devant jamais s'appliquer qu'à des délits précisés et déterminés.

Au reste, il n'est pas le premier qui ait marché dans la carrière où le ministère public le poursuit, puisque nous pourrions citer un grand nombre d'écrivains qui, avec beaucoup d'orthodoxie, ont consenti à passer sous silence les miracles de Jésus-Christ, ont fortifié sa mission pour s'attacher uniquement à sa morale, et l'opposer avec avantage à celle des anciens philosophes. Si c'est un tort aux yeux de M. l'Avocat du roi, il ne serait peut-être pas trop tard pour lui de lancer un réquisitoire contre des chapitres entiers de Tertullien d'Origène et de l'évêque d'Hyppone, dans sa *Cité de Dieu*. Cependant, ces pères de l'Eglise savaient ce qu'ils faisaient, en ne cherchant leurs armes contre les incrédules que dans la morale de l'Evangile, sur la prééminence de laquelle on est partout d'accord; tandis que la partie des miracles et des mystères a été trop souvent un sujet de controverse et de débats ensanglantés.

La feuille que nous réfutons en ce moment, alarmée du tour qu'a pris la discussion, voudrait qu'on *défendît de blasphémer contre la religion de l'État*. C'est sans doute de l'art. 6 de la Charte, que la *Quotidienne* s'autorise pour émettre ce vœu; ne pouvant oublier que l'art. 5 garantit l'égale protection de tous les cultes, elle eût dû savoir que la plupart auraient le même droit à invoquer que le catholicisme, c'est-à-dire, qu'on ne *blasphémât pas contre eux*. Or, qui ne sait que ce qui est vérité pour une religion, est blasphême pour les religions dissidentes? Chrétiens, vous dites que le fils de Marie *est le fils de Dieu*, et vous avez raison : mais le grand-prêtre de Jérusalem, en déchirant ses vêtemens, a crié, il y a dix-huit siècles, que vous blasphémiez; et chaque juif a le droit de le répéter après lui, à moins que la Charte constitutionnelle ne soit un vain mot. Rien de pareil est-il échappé à M. Touquet? Qui vous répondra même que, par la sublimité d'une morale avec laquelle nulle autre ne saurait entrer en comparaison, il ne prétendit pas prouver la divinité de celui dont elle émane. Certes, cet argument ne serait pas le plus faible.

« *Il y a liberté de culte et non point égalité*, prétend la *Quotidienne*. Paroles effrayantes, si elles ont un sens et une valeur positive; car la non-égalité aura bientôt dévoré la liberté. Heureusement, il n'en sera pas ainsi. Nous vivons encore dans le droit commun; et il y est tout aussi permis à des dissidens de se rassembler au nom de leurs opinions religieuses, de les professer et de les défendre même par contradiction, qu'au catholicisme de persister dans la doctrine des rites et des miracles. Leurs droits à tous sont les mêmes; ils proviennent de la même origine aux yeux de la loi. Ils diffèrent seulement en ce que l'un d'eux, suivi par un plus grand nombre de citoyens, et très-dispendieux de sa nature, coûte à l'Etat un gros budget : c'est bien assez, sans qu'il nous enlève encore nos libertés publiques.

« *On parlera sans doute*, ajoute la *Quotidienne*, *d'intolérance, de buchers; mais ces mots vagues et mensongers ne réussissent plus aujourd'hui.* » Si ce n'est pas là un regret échappé à la feuille que nous citons textuellement, il faut convenir qu'elle ne saurait s'exprimer avec plus de maladresse. Quoi! c'est presque au jour où un malheureux Israélite a été traîné par des prêtres et une foule fanatique vers le bûcher qui l'a dévoré pour ses opinions religieuses, qu'on viendrait avec hypocrisie nous commander cette sécurité! Nous savons ce qui s'est passé à Valence; et, avec le catholicisme que l'on voudrait nous donner présentement, il n'est personne qui osât répondre de ce qui se passerait à Paris, *si on laissait faire*. Ces vérités sont dures à entendre, nous le confessons. A qui la faute ? Et pourquoi MM. les gens du roi viennent-ils agiter inconsidérément la société et l'inquiéter sur ses intérêts les plus précieux ?

LA QUOTIDIENNE. — 19 *Septembre.*

La charte dit que tous les cultes sont libres : les libéraux en concluent que la charte est athée.

Un libraire publie une édition nouvelle de l'*Evangile;* mais il a retranché, de cette édition, la partie la plus importante : celle des miracles. Le libraire est accusé, pour ce fait, d'outrage envers la religion de l'État. Tout le ban et tout l'arrière-ban libéral jettent les hauts cris. A les entendre, on a violé la charte. Chose étrange ! les héritiers de l'auteur des livres les plus impies ou les plus cyniques pourraient obtenir des condamnations contre le libraire qui aurait mutilé ces ouvrages ; et il ne sera pas permis au Procureur du roi de s'élever contre une contrefaçon de l'Évangile, le code moral de la France et du monde !

Tous les cultes sont libres ! Est-ce à dire qu'il soit permis d'outrager tous les cultes ? La charte tolère toutes les religions ! Est-ce à dire, pour cela, que la charte doive tolérer et encourager même, par cette tolérance, l'outrage envers la religion catholique, envers la religion de l'Etat ?

L'Évangile, dépouillé de sa partie morale, n'est plus l'Évangile. Or, l'Evangile est le monument le plus sacré du culte chrétien. Je le demande, ni les lois, ni la charte, peuvent-elles permettre d'outrager, de mutiler, un objet public de vénération ?

D'une question de morale publique, on en fait une question purement individuelle. Il ne s'agit pas de savoir ici si M. Touquet croit ou non aux miracles de l'Évangile. La charte ne se mêle pas des croyances particulières; mais elle vient au secours de tout ce qui est d'intérêt public, lorsqu'elle le voit outragé. Et voilà pourquoi la charte ne veut pas laisser outrager l'Évangile.

On sent assez que, dans cette discussion, nous restons entièrement étrangers et à la plainte et aux personnes qui en sont l'objet. Mais on veut outrager la charte; en l'interprétant d'une manière astucieuse, on veut attaquer la foi religieuse, qui est aussi la foi monarchique : royalistes, nous devons être à notre poste pour défendre l'une et l'autre.

Les journaux libéraux ne se contentent pas, dans cette discussion, d'insulter à la religion et à la charte; de plus, ils méconnaissent l'esprit de la liberté de la presse. Cette liberté, disent-ils, proclame le droit *de penser en matière de religion.* Sans doute. La charte reconnaît aussi aux citoyens le droit d'agir; mais est-ce à dire que, pour cela, elle permette de mal agir? L'insulte à la morale publique, par une publication imprimée, est un acte que les lois sur la liberté de la presse punissent : la loi de 1822 applique une peine à ceux qui excitent la haine ou le mépris contre la religion de l'Etat. Or, n'est-ce pas rentrer dans la disposition pénale de cette loi, que de défigurer les livres sur lesquels le christianisme se fonde?

La charte n'étant plus bonne à rien, dans l'esprit des libéraux, si elle protège la religion, on en vient à soutenir que l'article où il est question de la religion de l'Etat n'a plus aucun sens. Chose incroyable! les libéraux eux-mêmes, qui, hier encore, n'aimaient et n'estimaient la charte que parce qu'ils la trouvaient tolérante, tournent aujourd'hui en ironie cette tolérance de la charte. *Définitivement*, dit *le Constitutionnel*, *la charte n'est ni catholique, ni juive, ni protestante. La disposition qu'on invoque a trait à un recensement, et non à une doctrine; c'est un article de statistique et rien de plus.* Quelque jour, nous entendrons dire à ces mêmes hommes qui insultent aujourd'hui la religion, que la charte tout entière est un *article* de circonstance, et rien de plus.

S'ensuivrait-il, comme on le dit de la plainte portée par le ministère public, que tous les citoyens soient obligés de croire aux miracles, sous peine d'être poursuivis par le Procureur du roi? Non, sans doute, cette conclusion serait absurde. Mais il y a loin à ne pas croire aux miracles, et à insulter l'objet de la vénération publique. Un incrédule peut entrer dans une église; il peut jeter sur l'autel, devant lequel se prosternent les fidèles, un œil de dédain : jusque-là la loi le tolère. Mais que cet homme s'avance vers le tabernacle; et que, d'une main impie, il brise les vases sacrés: dès ce moment, il devient coupable. Il y a donc une différence énorme d'un cas à un autre.

C'est une chose bien déplorable que, sous le prétexte de la tolérance, on en vienne à ne plus tolérer ni la religion ni la Charte. Comment se fait-il que, parce que tous les cultes sont libres, on ose en conclure que les outrages envers les cultes sont libres aussi. C'est ainsi que procède toujours l'esprit révolutionnaire. Il raisonne, si l'on peut le dire, de haut en bas : d'une vertu, il arrive, en faussant un peu toutes les conséquences, à la conclusion du crime; de la liberté, il conclut à la licence; et de la licence, il conclut à la ruine des trônes. En fait de religion, il conclut de la Charte à la liberté des cultes; de la liberté des cultes, il conclut à la licence des opinions; et de la licence des opinions, il conclut à l'athéisme. Or, qu'est-ce que l'athéisme et la licence? C'est la révolution.

LA GAZETTE DE FRANCE. — 20 *Septembre.*

Après avoir reproduit, sous tant de formes commodes et faciles, le texte de Voltaire dans toute sa *pureté*, M. Touquet devait finir par tronquer le texte de l'Évangile. Ces sortes d'entreprises, comme aurait dit le bon La Fontaine, ont ensemble étroit parentage; elles partent d'un même principe. Quand on a lu Voltaire, on ne supporte guère l'Évangile; pour les acclimater dans le même pays, il faut nécessairement dénaturer l'un ou l'autre.

Il ne nous appartient pas de qualifier le délit dont M. Touquet a pu se rendre coupable. Ce soin regarde les tribunaux; nous ne devons nous occuper que de l'erreur.

M. Touquet et ses amis prétendent qu'on peut séparer la morale des mystères, et la partie historique des miracles de l'Évangile; en sorte que nous aurions un Évangile qui ne serait pas plus chrétien que mahométan, et un législateur qui ne serait plus qu'un moraliste. Ce grand événement, dans l'Europe civilisée par la législation du christianisme, a bien de quoi tenter le noble courage de l'intrépide M. Touquet; mais je m'étonne qu'il n'ait pas réfléchi assez pour se convaincre qu'il n'y a rien de plus chimérique qu'un tel projet, et que nous sommes placés dans l'alternative nécessaire, ou de l'Évangile conservé tout entier, ou de l'Évangile anéanti, oublié, perdu dans la fange de l'impiété et de la corruption, telles que nous devons les attendre des écrits de Voltaire. Si l'Évangile n'est plus un livre divin, la France ne diffère plus bientôt de la Turquie ou de la Tar-

tarie; et M. Touquet lui-même sera libraire, comme on l'est au Caire ou à Constantinople. Mais il ne serait pas du tout plaisant pour lui, de s'aviser d'aller, dans ces pays-là, raccourcir le Coran ou de le vendre à cinq sous pièce. On ne court pas autant de risques à porter atteinte à l'Évangile dans la capitale de la France, par cela même que ce livre divin y exerce encore son influence sur les lois et sur les mœurs de la société, en dépit de ceux qui le méconnaissent.

« J.-J. Rousseau voulait aussi qu'on séparât, dans l'Évangile, les préceptes du dogme, et qu'on prêchât la morale, sans s'occuper jamais des mystères. C'était vouloir séparer les rayons de l'astre du jour, et les fleuves de leur source. Ce système, qui ne pouvait sourire qu'à un esprit faux et passionné, a séduit bien du monde; mais personne, avant M. Touquet, n'avait encore tenté de le mettre en œuvre, en composant un nouvel *Évangile*.

» Est-il, en religion ou en philosophie, un seul précepte qui ne découle d'un dogme, un seul devoir qui ne soit la conséquence nécessaire d'une croyance positive? Il faut aimer Dieu : voilà un précepte. Que signifierait ce précepte, sans ce dogme qui en est la base : Dieu est bon? Toutes nos obligations envers Dieu, qui constituent autant de préceptes, ne découlent-elles pas de ses attributs qui sont des dogmes, ou, si l'on veut, des mystères? Nous devons nous aimer tous les uns les autres : cette vérité est admise chez tous les peuples. Pourquoi n'a-t-elle jamais été mieux connue et mieux pratiquée que dans le christianisme? C'est que les dogmes de cette religion nous enseignent que nous sommes tous les enfans d'un même père qui est dans les cieux, ayant tous Jésus-Christ pour frère, Jésus-Christ fils de Dieu par sa nature, nous par adoption, appelés tous au même héritage qu'il nous a conquis par son sang, destinés à nous aimer sur la terre, puisque nous sommes destinés à vivre ensemble dans l'éternité. Faites un ÉVANGILE *à la Touquet;* retranchez-en ces vérités dogmatiques : que devient l'admirable précepte de la charité? Et ce sublime commandement du pardon des injures, quel autre qu'un législateur divin eût jamais osé le donner aux hommes? quel autre que Jésus-Christ pouvait, à ce sujet, réunir en sa personne et le précepte et l'exemple?

Otez, à cet ineffable bienfaiteur des hommes, et les mystères qui le concernent, et les miracles qui prouvent ces mystères : il cesse, dès l'instant, d'être notre bienfaiteur et notre ami. « Les aveugles voient, nous dit-il, les boiteux » marchent, les lépreux sont guéris, les sourds entendent, » les morts ressuscitent, l'Évangile est annoncé aux pau» vres. » Toutes ces choses, en effet, sont inséparables. Comment les pauvres eussent-ils pu goûter la sagesse de l'Évangile, sans des signes éclatans qui leur en montrassent l'excellence et la divinité? Les plus beaux génies de Rome et d'Athènes avaient cru, disions-nous dernièrement, que la sagesse devait descendre du ciel; nos beaux génies de la capitale de la France voudraient la faire sortir du cerveau de l'éditeur de toutes les impiétés, et la mettre comme en dépôt dans les magasins d'un libraire. Mais, si la sagesse doit descendre du ciel, il faut qu'elle prouve son origine; il faut qu'elle ait, pour cortège, ce qui est grand et mystérieux; car autrement ce n'est plus là cette sagesse qui vient de Dieu; c'est la sagesse de l'homme; elle ne peut être à elle-même sa sanction et sa force.

Jésus-Christ voit, en entrant dans Jérusalem, un paralytique dont on lui demande la guérison : « Mon fils, lui dit le divin législateur, ayez confiance; vos péchés vous sont remis. » Aussi, dans les afflictions de cette vie, la plus grande consolation que l'homme puisse désirer, c'est, sans contredit, la paix du cœur. Mais si Jésus-Christ n'eût été, aux yeux du paralytique, qu'un moraliste ordinaire, quelle consolation eût-il obtenue de celui qui, dans le sens impie de nos philosophes, ne lui eût adressé qu'un insignifiant langage? C'est pour cela que Jésus-Christ se hâte de prouver, par un prodige, qu'il a le pouvoir de pardonner aux hommes leurs iniquités; et celui qui rend à un malade la santé du corps et de l'âme, est le même qui dit à la femme adultère : « Où sont vos accusateurs? Personne ne vous a » condamnée: et moi je ne vous condamnerai pas non plus; » allez, et ne péchez plus à l'avenir. »

Les attributs de ce législateur, si élevé au-dessus des autres hommes, sont autant de mystères; et cependant sa doctrine est non seulement insignifiante, elle est même absurde, si vous osez lui contester ses attributs. Il aime son troupeau; ses brebis le connaissent, et il connaît ses brebis. Que veut dire ce langage, si, au lieu d'être pasteur, il n'est qu'un mercenaire? Je n'admire plus cette humilité avec laquelle il daigne s'appeler le fils de l'homme, dès qu'il n'est plus pour moi le fils d'un Dieu. Je m'étonne, je suis confondu de voir qu'il n'ait pas où reposer sa tête; mais c'est parce que je sais qu'il est le maître de la nature, et que toutes choses lui appartiennent. Je l'admire, et je me console, en le voyant obéissant jusqu'à la mort; mais je n'oublie pas qu'il est le maître de la vie (*Domini exitus mortis*), et qu'il a tiré Lazare du tombeau. Pourquoi l'écoutons-nous avec une docilité parfaite? c'est parce qu'une voix céleste s'est fait entendre : « Celui-ci est mon fils bien » aimé; écoutez-le. »

Serait-il donc si beau, en effet, de pleurer, de gémir sur la terre, si celui qui nous enseigne cette étonnante morale ne devait être lui-même notre consolateur et notre récompense? Serait-il si beau de souffrir persécution pour la justice, d'être doux et humble de cœur, de supporter patiemment toutes les injures, de pardonner jusqu'à *soixante-*

dix-sept fois sept fois, si celui qui me l'ordonne n'était pas notre maître, et qu'il ne pût donner à ses paroles d'autre sanction que celle que leur donne le froid scepticisme de l'incrédulité.

Ces innovations, que voudrait accréditer une secte ennemie du christianisme, ne doivent pas moins alarmer les protestans que les catholiques. On sait combien les chefs de la réforme redoutaient cet indifférentisme, que supposent les attentats dont on se rend coupable à l'égard de l'Évangile, et qui doivent en être la conséquence. Mélanchton croyait y voir une source de *guerres plus impitoyables que celles des Centaures*. « Bon Dieu! disait-il, quelle tragédie » verra la postérité, si on vient un jour à remuer ces » questions! »

Jurieu se plaignait de ce malheureux parti, qui se formait dans les églises réformées, et *où l'on conjurait contre le christianisme*. Il parlait avec douleur de ces jeunes gens *gros de la tolérance universelle de toutes les hérésies*. Le synode vallon, tenu à Amsterdam en 1690, signale à ces co-religionnaires *ces erreurs capitales, qui tendent à faire glisser, dans l'âme des simples, le poison du socinianisme et l'indifférence des religions*.

Ces craintes se faisaient remarquer à une époque où tout le monde reconnaissait cependant la divinité de l'Évangile; mais un trop grand nombre ne reconnaissait plus l'autorité que Dieu avait établie pour en être l'interprète. Quels tristes pressentimens ne doit pas faire naître aujourd'hui l'idée funeste de nous donner un évangile nouveau, dénué des mystères et des miracles qui lui impriment le caractère de la Divinité? Nous avons déjà vu les *guerres impitoyables*, la tragédie horrible, où la foi des chrétiens a fourni tant de victimes. Faut il que l'incrédulité renouvelle ses essais, et qu'elle ne laisse plus entrevoir, pour ceux qui viendront après nous, d'autre avenir que la barbarie et le néant?

LE COURRIER FRANÇAIS. — 20 *Septembre.*

Au Rédacteur.

Monsieur,

Je ne suis ni catholique, ni protestant, ni juif, ni mahométan, ni même philosophe; je suis tout simplement *déiste*; je crois en Dieu, en sa puissance et en sa bonté; je crois à mon âme et à son immortalité; je crois par conséquent à une vie future, où les misères de celle-ci seront consolées, où l'on gardera souvenir aux bonnes œuvres, et où les crimes aussi bien que les vertus trouveront leur rémunération. Avec cette croyance, Monsieur, est-ce qu'il ne me serait pas permis de faire, pour moi et pour mes amis, un petit Manuel de la morale évangélique? Est-ce que je blesserais les lois de mon pays, en achetant, chez M. Touquet, ce petit *in-32*, qui est en ce moment l'objet d'un grand débat judiciaire? J'ai besoin de m'éclairer sur ce point; car un principe de ma morale religieuse à moi, c'est de me conformer ponctuellement aux lois de mon pays, mais aussi de suivre avec un respect non moins profond les inspirations de ma conscience. Or, si les unes allaient se trouver en contradiction avec les autres, je tomberais dans une perplexité véritablement alarmante.

Ce qui me rassure un peu, c'est que je vois que M. l'Avocat du roi s'est trouvé fort embarrassé pour construire son délit. Il incrimine le silence comme une négation, en dépit de ce que nous enseigne la sagesse des nations, le proverbe vulgaire : *Qui ne dit mot, consent.* Selon M. l'Avocat du roi, il faudra dire désormais : *Qui ne dit mot, nie.* Combattre un fait avec toutes les armes du raisonnement, même du ridicule, ou passer ce fait sous silence, serait, aux yeux de la loi, une seule et même chose! C'est ce que je ne croirai jamais, parce qu'il faudrait croire que la loi est absurde, et parce que je respecte la loi.

J'ai remarqué aussi qu'en invoquant une loi qui parle de *morale religieuse*, M. l'Avocat du roi a constamment argumenté pour la *morale catholique*, puisque (comme l'auteur de la *Revue protestante* l'a fort bien établi) il est des communions chrétiennes qui n'admettent point les miracles. Cependant ce n'est point sans dessein que la loi qui dit *morale religieuse*, s'est abstenue de dire *morale catholique, protestante, judaique*, etc. Elle a voulu en ceci se conformer aux principes de la charte. En disant autrement que le législateur, M. l'Avocat du roi va donc contre l'intention de la loi et contre les principes constitutionnels.

Je ne sais, Monsieur; mais il me semble que, dans une discussion qui a pour objet des matières de religion, il y aurait grand danger à raisonner à la manière de M. l'Avocat du roi; car, d'une part, si l'on prend le silence pour une négation formelle; de l'autre, si l'on restreint le mot général de la loi *religion*, au sens particulier du mot *catholique*, il est bien évident que les procès d'*hérésies* sont imminens parmi nous, et qu'on ne tarderait pas à transformer nos cours et tribunaux en société de Sorbonne, peut-être même en sainte inquisition. Certes, il n'y a pas loin du délit d'outrage à la religion de l'État par le *silence*, à une accusation d'hérésie.

M. Levavasseur paraît être un néophyte ardent, et la ferveur de son zèle est d'autant plus méritoire qu'il ne semble pas avoir étudié à fond les doctrines pour lesquelles il parle de verser jusqu'à la dernière goutte de son sang; il se pourrait qu'il ne fût guère plus fort sur les matières légales. Quant à ce qui concerne la religion, il a déjà été désavoué par la réforme, dont il s'était déclaré le champion, avec quelque impudence peut-être; il n'y a pas de doute qu'il ne le soit également par tous les catholiques, amis des garanties stipulées dans notre loi fondamentale. Si, sous le rapport légal, il recevait, des organes de la loi, un troisième désaveu, ce serait un grand motif de sécurité pour les consciences, alarmées par une question qu'il eût été plus sage de ne pas soulever.

Quoi qu'il arrive, on aura toujours à regretter que, dans une affaire judiciaire, la partie publique ait cru devoir faire solennellement un acte de foi. L'impartialité ne marche guère de compagnie avec le zèle ardent d'une doctrine quelconque; et cette exaltation de confesseur, cet appel au martyre dans une cause où l'on réclame la condamnation d'un adversaire que l'on signale comme un impie, ne devraient-ils pas, en bonne justice, équivaloir à une récusation ?

J'ai l'honneur, etc. *Un de vos abonnés.*

L'ÉTOILE. — 21 *Septembre.*

Le *Courrier français* contient une lettre, dont l'auteur anonyme commence par déclarer qu'il n'est ni catholique, ni protestant, ni juif, ni mahométan, ni même philosophe, *mais tout simplement déiste.*

« Un principe de *ma* morale religieuse *à moi*, ajoute-t-il, c'est de me conformer ponctuellement aux lois de mon pays, mais aussi de suivre, avec un respect *non moins profond*, les inspirations de ma conscience. Or, si les unes allaient se trouver en contradiction avec les autres, je tomberais dans une perplexité véritablement alarmante. »

Voilà donc l'accomplissement manifeste du mot de Bossuet : « Le déisme n'est qu'un athéisme déguisé ! » En effet, si cet individu, qui se targue de ne professer aucun culte quelconque, croyait seulement ce que croyait ou feignait de croire Voltaire, le grand-pontife du déisme, il reconnaîtrait un Dieu rémunérateur et vengeur; il aurait enfin quelque notion du bien et du mal. Mais, entendez-le. Si les inspirations de ce qu'il appelle *sa conscience*, se trouvaient en contradiction avec quelque article du Code, il tomberait dans une grande *perplexité*. Et pourquoi, demandera le citoyen qui professe une religion établie, et investie du respect d'un grand nombre d'hommes rassemblés en société? La morale religieuse en tout pays ne se trouve-t-elle pas dans un accord nécessaire avec la morale publique? Malheur donc à tout individu qui les isole l'une de l'autre dans son cœur! Il ne craint pas Dieu, comme le dirait encore Voltaire; il ne craint que l'exécuteur des hautes-œuvres.

L'auteur de la lettre du *Courrier français* conviendra que nous l'avons servi dans son sens, en lui citant de préférence l'oracle de la secte à laquelle il prétend appartenir; mais nos lecteurs ont droit à plus d'égards, et c'est avec une véritable satisfaction, nous aimons à le croire, qu'ils jetteront les yeux sur le passage suivant, que nous empruntons à un journal qui s'avoue chrétien et même catholique.

« Si je donnais une édition de la Charte, et que j'en supprimasse tout ce qui a rapport aux droits du peuple pour ne laisser que les articles en faveur de l'autorité royale, ne m'accuserait-on pas de favoriser le despotisme? Cette suppression, que je me serais permise, ne serait-elle pas regardée comme une infidélité punissable? Sera-t-il plus permis d'altérer l'Évangile que la Charte? Y a-t-il moins d'inconvéniens à ôter à la loi divine qu'à la loi humaine? Sera-ce un crime aux yeux de la législation de retrancher quelques articles de la constitution de l'État? et ne pourra-t-on cependant poursuivre celui qui dénaturera l'Évangile pour l'accommoder au déisme? La protection promise à la religion de l'État ne serait donc plus qu'un vain nom, si on pouvait altérer les livres saints par de perfides mutilations. »

DÉBATS JUDICIAIRES.

POLICE CORRECTIONNELLE.

Réponse du principal accusé au Réquisitoire de M. l'Avocat du Roi (*).

Messieurs,

L'exorde de M. l'Avocat du roi convient parfaitement à ma défense; et certes, si je l'eusse commencée ainsi : « Il » est un livre, qui, partout où il a été publié, a épuré les » mœurs, adouci les sentimens, dissipé les ténèbres de l'i- » gnorance et de l'idolâtrie, aboli l'esclavage, civilisé les » barbares, rajeuni les nations usées par les excès de la ci- » vilisation, et opéré enfin dans le monde la plus étonnante » comme la plus heureuse révolution que jamais ait éclai- » rée le soleil; un livre, où la piété va chercher les plus » douces consolations, le législateur le modèle le plus par- » fait de ses lois, le moraliste les plus hautes règles de la » morale, l'homme de lettres ses plus touchantes inspira- » tions, le philosophe enfin ses plus hautes contemplations; » ce livre, est-il besoin de le nommer? et malgré l'imper- » fection des traits sous lesquels je viens de vous les pré- » senter, qui de vous, dans cet auditoire, n'a déjà nommé » l'*Évangile?* » Si j'eusse, dis-je, commencé ainsi, per-

(*) Cette réponse a été soumise aux magistrats le mardi 19 septembre 1816.

sonne, pas même M. l'Avocat du roi, n'eût songé à me donner un démenti.

Et cependant, c'est contre la publication de la **Morale de l'Évangile**, qui, *partout où elle a été publiée, a épuré les mœurs, adouci les sentimens*, etc., que M. l'Avocat du roi appelle la vengeance des lois, et qu'il l'appelle, au nom de toutes les communions chrétiennes, au nom de Genève comme de Rome, au nom de la morale, au nom enfin de la société elle-même.

Mais il paraît que ni la société, ni Genève, ni Rome, ni la morale enfin, ne demandent vengeance, et que M. l'Avocat du roi s'est étrangement mépris à cet égard.

Je trouve en effet dans le discours de M. de Belleyme, lors de son installation comme Procureur du roi : « La justice n'est point une puissance vengeresse, mais une divinité tutélaire, qui protège la société par la crainte du châtiment (*). » Voilà donc M. le subsistut en contradiction manifeste avec M. le procureur du roi sur l'esprit et le but de la justice sociale.

Un homme de grande renommée et de grand talent (**) vient aussi de déclarer, au nom de ses co-religionnaires, et sans crainte d'être démenti par aucun, que Genève ne demande point *vengeance ;* et il se défend très-énergiquement de cet excès de zèle de M. l'Avocat du roi en faveur de ses frères séparés.

Quant à Rome, si elle demandait que le feu descendît du ciel, il faudrait lui répondre comme le Christ à Jacques et Jean, ses disciples : « Vous ne savez à quel esprit vous êtes » appelés (*Nescitis cujus spiritûs estis*); le fils de l'homme

---

(*) *Moniteur*, 22 Juillet 1826.

(**) M. Benjamin Constant, Député de Paris.

» n'est pas venu pour perdre les hommes, mais pour les » sauver. »

Enfin, reste *la morale!...* Mais il y aurait trop mauvaise grâce à demander VENGEANCE au nom de la morale évangélique qui commande le pardon des injures.

Après avoir appelé la vengeance au nom de la société, de la morale, de Genève, de Rome, qui toutes la répudient, M. l'Avocat du roi s'est encore mépris en la demandant à des lois qui ne la lui donnent pas.

Et comment M. l'Avocat du roi s'y prend-il pour constituer un délit?... Il part de ce qu'il appelle le *silence sur les miracles;* puis, ce *silence*, il l'appelle *négation des miracles;* puis, *la négation des miracles*, il l'appelle *négation de la divinité du Christ;* et enfin, arrivé à la *négation de la divinité du Christ*, il y place le DÉLIT.

Voyons d'abord la théorie de M. l'Avocat du roi sur le *silence;* et prenons un de ces exemples par lesquels il *prouve* qu'il n'y a pas la plus petite différence entre *parler* et *se taire*, entre *faire* et *s'abstenir;* en sorte que le philosophe devant lequel on niait le mouvement, aurait aussi bien fait, pour répondre, de rester en place.

« Qu'on *avance*, dit M. l'Avocat du roi, que l'homme » est le jouet d'un aveugle destin, qu'il descend tout entier » dans la tombe; aura-t-on le droit de me dire : *Je ne nie* » *pas la providence, je ne nie pas l'immortalité de l'âme,* » *je n'en parle pas?* »

En vérité, si je n'avais entendu, de toutes mes oreilles, les paroles rapportées par les journaux, je n'aurais pas cru à leur exactitude, tant je suis de l'avis de M. l'Avocat du roi.

Qu'on *avance* en effet que l'homme est le jouet d'un aveugle destin, et nul doute qu'on ne *nie* la providence.

M. l'Avocat du roi m'accordera (j'espère) assez de bon sens pour croire que je ne prétends point soutenir qu'il suffise, pour *ne pas nier* un fait, de recourir à une périphrase.

La *périphrase* est (je le sais) une manière *d'affirmer* et de *nier*, tout comme une autre; mais il n'y a rien de commun entr'elle et le *silence*.

Il aurait fallu dire :

« Qu'on *n'avance pas* que l'homme est le jouet d'un » aveugle destin; aura-t-on droit de dire : *Je ne nie pas la* » *providence?* »

Ma réponse n'est pas équivoque; et je doute même que celle de M. l'Avocat du roi puisse l'être.

Voilà donc tout l'édifice de l'accusation qui s'écroule par sa base.

Mais en croyant à la solidité de ses fondations, après avoir ÉTABLI la *négation des miracles* sur mon *silence*, qu'a donc dit M. l'Avocat du roi, pour ÉTABLIR ensuite, sur la *négation des miracles*, la *négation de la divinité de Jésus-Christ?*

A cet égard, on lui a donné des raisons et des exemples d'un certain poids; on lui a opposé une foi aussi robuste que la sienne, l'autorité d'un talent au moins aussi éclairé (*); et prolonger la discussion sur ce point, ce serait (je n'en doute pas) combattre, dans M. l'Avocat du roi, un adversaire désarmé.

Après avoir mis la *négation* dans le *silence*, M. l'Avocat du roi n'en est donc pas plus avancé; car il ne saurait mettre la *négation de la divinité du Christ* dans la *négation des miracles*. Et enfin, on lui accorderait encore ce dernier point, qu'il viendrait échouer devant les lois qu'il invoque, et qui lui refusent impitoyablement toute action.

Il faut donc de toute nécessité à M. l'Avocat du roi at-

(*) M. le vicomte de CHATEAUBRIANT.

tendre, pour poursuivre, qu'une nouvelle loi *salutaire* ait été rendue; il faut attendre qu'on ait comblé, avec l'échafaud, cette lacune de notre législation.

Jusque là, point de délit légalement punissable; et la justice sociale ne pourrait que renvoyer le prévenu à l'examen de sa conscience et au tribunal de la pénitence, s'il se sentait des remords du scandale qu'il n'a pas causé.

M. l'Avocat du roi, se faisant à lui-même cette objection, que, d'après sa doctrine, l'existence du judaïsme serait un permanent outrage à la morale religieuse et à la religion de l'Etat, trouve un argument *ad hominem*, pour se réfuter lui-même, en disant qu'il ne faut point parler des Juifs, parce qu'ils doivent me conserver rancune pour avoir contribué à répandre les œuvres de l'homme qui les a le plus poursuivis de ses sarcasmes.

M. l'Avocat du roi admet la controverse entre les membres d'une religion et les membres d'une autre religion; mais il ne la permet pas à ceux qui n'ont pas de religion. C'est encore un argument *ad hominem*: car il me suppose évidemment un homme sans croyance. Il est vrai que je ne lui ai point encore fait ma PROFESSION DE FOI; et M. l'Avocat du roi n'aime guère le *silence*. Mais enfin, faudra-t-il, pour attaquer le protestantisme, exhiber un billet de confession; pour attaquer le christianisme, prouver que l'on est circoncis? Et tout mon crime serait-il donc, aux yeux de M. l'Avocat du roi, de ne l'être pas?

M. l'Avocat du roi compare l'outrage fait à la majesté *divine* à l'outrage fait à la majesté *royale*; et, dans le *silence* de la loi, il trouve matière à induction dans ce rapprochement.

Mais M. l'Avocat du roi, qui cite à cet égard M. le garde-des sceaux parlant de la *majesté royale* dans l'exposé de la loi de 1822, aurait dû plutôt le citer dans l'exposé des motifs de cette loi salutaire du sacrilége, où, s'expliquant alors sur la *majesté divine*, il se donne bien garde de la placer, comme la *majesté royale*, à la portée de nos atteintes, et de laisser croire qu'il puisse y avoir des DÉICIDES comme des RÉGICIDES dans le monde.

Enfin M. l'Avocat du roi n'entend, par *morale religieuse*, que la *morale positive*, qui découle d'une *religion positive*.

Autant valait s'en tenir à l'*outrage à la religion de l'Etat*; car, avec sa définition, M. l'Avocat du roi n'a pas fait un pas de plus.

On pourrait seulement lui demander légalement compte de cette préférence; car, dans un Etat où il y a liberté des cultes, il n'y a pas de raison pour qu'on appelle *morale religieuse*, la *morale positive* de l'un, plutôt que celle de l'autre.

Au résumé, la partie forte du réquisitoire de M. l'Avocat du roi est dans son argumentation *ad hominem*. Je n'en ai cité que deux exemples et des plus innocens; mais il a été évident, pour tout l'auditoire, que mon nom a été un vrai talisman pour l'orateur du ministère public. Je pourrais répondre à plusieurs de ses personnalités; mais je m'en garderai bien, puisque M. l'Avocat du roi sait si bien faire parler le SILENCE.

TOUQUET.

ADDITION.

J'imprime, pour l'édification de mes juges, un ouvrage remarquable : la loi donnée par Dieu lui-même, et la traduction que l'on en a faite en vers, et qui est admise dans toutes les églises. La versification n'en est pas brillante; mais les suppressions, les transpositions, les additions, les falsifications, y sont palpables. C'est bien un ouvrage donné pour complet, une traduction fidèle que l'on annonce.

LE DÉCALOGUE.

TEXTE DE L'EXODE.	TRADUCTION DES CATÉCHISTES.
I. *Ego sum Dominus Deus tuus, qui eduxi te de terrâ Ægypti, de domo servitutis. Non habebis deos alienos coram me.*	I. Un seul Dieu tu adoreras, Et aimeras parfaitement.
II. *Non facies tibi sculptile, neque omnem similitudinem quæ est in cœlo desuper, et quæ in terrâ deorsum, nec eorum quæ sunt in aquis sub terrâ. Non adorabis ea, neque coles : ego sum Dominus Deus tuus, fortis, zelotes, visitans iniquitatem patrum in filios in tertiam et quartam generationem eorum qui oderunt me, et faciens misericordiam in millia his qui diligunt me et custodiunt præcepta mea.*	*Supprimé.*
III. *Non assumes nomen Domini Dei tui in vanum; nec enim habebit insontem Dominus eum qui assumpserit nomen Domini Dei sui frustrà.*	II. Dieu en vain tu ne jureras, Ni autre chose pareillement.
IV. *Memento ut diem sabbati sanctifices. Sex diebus operaberis, et facies omnia opera tua. Septimo autem die sabbatum Domini Dei tui est : non facies omne opus in eo, tu et filius tuus, servus tuus et ancilla tua, jumentum tuum et advena qui est intra portas tuas. Sex enim diebus fecit Dominus cœlum et terram, et mare, et omnia quæ in eis sunt, et requievit in die septimo : idcirco benedixit Dominus diei sabbati, et sanctificavit eum.*	III. Les dimanches tu garderas, En servant Dieu dévotement.
V. *Honora patrem tuum et matrem tuam, ut sis longævus super terram, quam Dominus Deus dabit tibi.*	IV. Père et mère honoreras, Afin de vivre longuement.

VI. *Non occides.*	V. Homicide point ne seras, De fait, ni volontairement.
VII. *Non mœchaberis.*	VI. Luxurieux point ne seras, De corps, ni de consentement.
VIII. *Non furtum facies.*	VII. Le bien d'autrui tu ne prendras, Ni retiendras à ton escient.
IX. *Non loqueris contra proximum tuum falsum testimonium.*	VIII. Faux témoignage ne diras, Ni mentiras aucunement.
Interpolé.	IX. L'œuvre de chair ne désireras, Qu'en mariage seulement.
X. *Non concupisces domum proximi tui, nec desiderabis uxorem ejus, non servum, non ancillam, non bovem, non asinum, nec omnia quæ illius sunt.*	X. Biens d'autrui ne convoiteras, Pour les avoir injustement.

L'interpolation du IXe commandement dans la version chrétienne n'a eu évidemment pour objet que de compléter le nombre *dix*, consacré par la loi de Moïse.

Depuis la suppression du IIe commandement, il n'y a que le Ier et le Xe qui concordent.

La version, passablement cyniqué, des VIe et IXe commandemens, ne me paraît pas même rendre exactement le texte de l'Exode : *non mœchaberis.*

Sur quoi, je m'en rapporte aux doctes.

TOUQUET.

Audience du 20 septembre 1826.

Défense de M. Marchand-Dubreuil.

MESSIEURS,

Je n'entreprendrai pas la défense de l'ouvrage incriminé; cette tâche m'a paru être celle du libraire-éditeur, qui l'a remplie. Et d'ailleurs comment me serait-il possible de le faire? Veuillez rapprocher, Messieurs, le système adopté par l'accusation, du rôle que je suis appelé à jouer dans cette affaire. Ce n'est pas le texte de l'ouvrage qui constitue sa culpabilité, puisqu'il ne contient rien qui soit étranger à l'Evangile ; ce n'est pas même, à proprement parler, le fait de la non insertion de la partie miraculeuse, car je ne sache pas qu'il existe, dans notre législation, surtout en matière de délits de la presse, de *délit par omission* ; c'est uniquement le motif présumé de cette omission ; c'est l'intention tacite supposée à l'éditeur, d'avoir voulu, en n'insérant dans son ouvrage que la partie morale, d'avoir voulu, dis-je, nier par-là la divinité des miracles, et par suite la divinité de Jésus-Christ. C'est donc sur un fait caché, personnel à l'éditeur, sur une intention secrète, que repose l'accusation. Or, je vous le demande, Messieurs, comment me serait-il possible de chercher à justifier une intention étrangère, qu'il ne peut m'appartenir, ni de connaître, ni de défendre? Et sous ce rapport, il me serait peut-être permis de m'étonner d'avoir été, moi, imprimeur, impliqué dans une affaire de cette nature.

Je ne puis, je ne dois défendre que mes intentions; et si elles sont pures, si je puis vous convaincre de cette vérité, qu'en imprimant l'ouvrage incriminé, je ne soupçonnais pas le but caché que l'accusation attribue à sa publication, j'aurai complété ma justification. Ainsi, à mon égard, la question qui résulte du système d'accusation adopté, est une simple question de bonne foi : et c'est cette raison qui m'a engagé à me charger moi-même de ma défense, quoique étranger aux formes judiciaires.

Or, Messieurs, je déclare ici, et je le déclare de toute la sincérité de mon âme, que je n'ai pas pensé que la publication de la partie morale de l'Evangile cachât le but criminel qu'on lui suppose, et que j'étais bien loin de soupçonner qu'en l'imprimant, j'imprimais un ouvrage qui portât atteinte à la morale religieuse et à la religion de l'Etat, un ouvrage qui niât la divinité de Jésus-Christ. Je déclare également que, si le moindre soupçon s'était élevé dans mon âme, jamais on n'aurait vu sortir de mes presses un ouvrage de cette nature. Mais j'étais si loin d'avoir un semblable soupçon, que, même après la saisie de l'ouvrage, j'étais encore de bonne foi, que j'ignorais encore la nature de l'incrimination, et que la citation seule m'a éclairé sur un fait que je n'avais pas deviné, et qu'au reste plusieurs personnes éminemment religieuses n'avaient pas découvert plus que moi.

Je crois, Messieurs, devoir invoquer, en faveur de la sincérité de ma déclaration, la réserve que j'ai toujours montrée dans l'exercice de ma profession, réserve qu'on a même bien souvent taxée de *timidité*; réserve qui m'a inspiré le refus que j'ai fait (et dont je suis loin de me repentir) d'imprimer une foule d'ouvrages qui, imprimés par d'autres, circulent maintenant librement dans le commerce. Peut-être même pourrais-je invoquer un fait dont le libraire-éditeur me fait un reproche; je veux parler de mon refus formel d'imprimer séparément la partie miraculeuse de l'Evangile, refus qui (je l'affirme à cette audience) ne m'a pas été inspiré par la saisie seule de la partie morale, refus qui eût existé alors même que la proposition qui m'en a été faite eût précédé cette saisie, refus qui subsistera en tout état de cause, et quelle que soit l'issue de ce procès. Le Tribunal comprend, sans que je m'explique davantage, la raison de cette conduite.

Une dernière preuve de la sincérité de ma déclaration, c'est, je le répète, la nature même de l'ouvrage incriminé, non pour ce qu'il contient, mais pour ce qu'il ne contient pas. Et si vous avez reconnu vous mêmes plusieurs fois combien il était souvent difficile à l'imprimeur, par la connaissance légère (la seule bien souvent possible) qu'il prend de l'ouvrage, qu'on lui apporte d'apprécier la culpabilité résultant de son texte même, vous reconnaîtrez sans doute que cette tâche, si difficile dans les cas ordinaires, devient réellement tout à fait impossible, quand la culpabilité d'un ouvrage résulte, non pas de son texte, mais d'une intention tacite, d'un but caché.

L'*Evangile* dépend d'une petite collection *in*-32, qui se publie par livraison. Les premiers volumes comprennent l'Histoire de Pierre-le-Grand, celle d'Henri IV, un Dictionnaire, une Grammaire, une Botanique; et, en ce moment, les Voyages de Cook sont sous presse.

Le manuscrit de l'*Evangile* me fut remis après le volume de l'Histoire d'Henri IV. En le recevant, je fis tout ce que m'inspira la défiance due au format, et particulièrement au titre de l'ouvrage; c'est-à-dire que, ne me fiant pas assez sur ma mémoire, je collationnai rapidement le manuscrit sur l'Evangile; et après m'être assuré que, non seulement il ne contenait pas un mot qui ne fût dans l'Evangile, mais encore que les phrases présentaient le même sens, je ne fis aucune difficulté de livrer à l'impression la *Morale de l'Evangile*, dont la sublimité et l'excellence prouvent la divinité de J.-C., tout aussi bien que les mi a les.

C'est à vous, Messieurs, d'apprécier ma bonne foi, et de voir si ma conduite constitue le délit *si grave* d'outrage à la morale religieuse et à la religion de l'État.

J'aurais borné là, Messieurs, ce que j'avais à dire pour ma défense, s'il n'y avait eu, dans le réquisitoire de l'Avocat du roi, quelques phrases qui me fussent adressées particulièrement : je veux parler d'abord du reproche qui m'a été fait de m'être livré à l'impression de la *Bibliothèque populaire*. Je ne comprends pas ce que cet ouvrage peut avoir de répréhensible, puisque, à l'exception de l'*Evangile*, dont, je le répète, je n'ai pas compris le but qu'on lui suppose, il est presque exclusivement consacré à répandre les élémens des sciences, telles que la grammaire, la botanique, ou des histoires détachées, comme celle de Pierre-le-Grand, celle d'Henri IV, ou les Voyages de Cook. Quant à la Bible qui vous a été signalée d'avance, certainement j'examinerai le manuscrit; mais il ne me paraît pas difficile de comprendre la Bible dans cette collection, puisque j'ai réimprimé moi-même, en 1824, la *Bible du jeune âge*, par l'abbé Fleury, dont le format n'est pas beaucoup plus gros que celui de la *Bibliothèque populaire*.

Quant à la déclaration que j'ai faite à la direction de la librairie, je l'ai faite dans la même forme que toutes celles de pareilles collections; et le dépôt qui a été fait des deux éditions de l'*Évangile*, n'aurait certainement pas été reçu, si la déclaration n'avait pas été faite conformément à la loi.

Mais plus que tout cela, Messieurs, il est une phrase que M. l'Avocat du Roi a prononcée dans son réquisitoire, et dont j'ai lieu d'être surpris et affligé. « Naguères, a-t-il » dit, nous avons appris qu'une édition de l'Évangile ve- » nait de sortir de presses habituées (nous le disons à re- » gret, mais la vérité nous y oblige), à vomir l'impiété et le » blasphême. » Cette phrase, répétée par tous les journaux, m'a été appliquée personnellement; et un grand nombre de personnes m'en ont témoigné leur étonnement. N'ayant jamais rien imprimé qui autorisât un pareil reproche, je pense que telle n'a pas été l'intention du ministère public: mais il m'importe beaucoup que cette phrase ne subsiste pas telle qu'elle est. En conséquence je prie M. l'Avocat du roi, *au nom de la vérité*, de vouloir bien déclarer quelle a été son intention, ou au moins que ce ne sont pas mes presses proprement dites qu'il a voulu désigner.

M. l'Avocat du roi : Je reconnais que je n'ai pas eu l'intention de désigner M. Marchand-Dubreuil personnellement.

M. Marchand-Dubreuil : Je remercie M. l'Avocat du roi de l'explication qu'il a bien voulu donner. J'espère que MM. les rédacteurs des journaux, qui ont inséré la phrase dont je me suis plaint, rapporteront l'explication que l'Avocat du roi a donnée.

JUGEMENT.

Le Tribunal,

Attendu que la brochure *in*-32, ayant pour titre l'Évangile (*partie morale et historique*), n'est qu'une mutilation de l'Évangile ;

Que l'auteur de cette brochure a supprimé tout ce qui est relatif aux faits miraculeux ;

Qu'en mutilant ainsi le livre divin, base de la religion de l'état ; et en supprimant, dans l'ouvrage dont il s'agit, tous les miracles qui ont signalé la naissance, la vie, la mort et la résurrection de Jésus-Christ, il a eu pour but de tromper les lecteurs peu instruits auxquels, d'après son titre, cette brochure est destinée, en leur présentant Jésus-Christ comme un homme et non comme un Dieu ;

Que cette mutilation est l'outrage le plus grave que l'on puisse faire à la morale religieuse et à la religion de l'état, puisqu'elle est évidemment faite dans l'intention de nier la divinité de l'auteur de cette religion, par conséquent la vérité de la religion elle-même, et d'attaquer la morale religieuse dans sa base, en présentant son auteur comme un simple philosophe;

Attendu que ce n'est pas pour un fait négatif, contre lequel les lois sont impuissantes, que l'ouvrage incriminé est poursuivi; mais pour un fait positif, puisque l'auteur a présenté comme étant l'*Évangile complet*, un livre qui ne l'est pas; et qui, outre la suppression des faits miraculeux que l'auteur a jugé convenable de faire, a eu pour effet de défigurer entièrement plusieurs des faits qu'il a conservés; par exemple, celui de la naissance de Jésus-Christ, qu'il présente, en supprimant le mystère de l'Incarnation, comme étant né de Joseph et de Marie;

En ce qui concerne Touquet;

Attendu qu'il déclare être éditeur de l'ouvrage incriminé;

Qu'en vain il prétend avoir eu l'intention de publier une seconde partie pour compléter l'*Évangile*, dans laquelle seconde partie il aurait rapporté tous les faits miraculeux; que ce n'est qu'une allégation; mais que, lors même que cela serait prouvé, comme cette seconde partie devait paraître séparément de la première, Touquet n'en avait pas moins outragé la morale religieuse et la religion de l'état, par la publication de cette première partie;

Qu'en conséquence, il s'est rendu coupable des délits d'outrages à la morale religieuse et à la religion de l'état, prévus par les art. 1er et 8 de la loi du 17 mai 1819, et 1er de la loi du 23 mars 1822;

Condamne Touquet en neuf mois d'emprisonnement et en cent francs d'amende;

Déclare bonne et valable la saisie de l'ouvrage, ayant pour titre l'Évangile (*partie morale et historique*);

ORDONNE que les exemplaires saisis, et ceux qui pourront l'être par la suite en exécution du présent jugement, seront détruits;

» En ce qui concerne MARCHAND-DUBREUIL, imprimeur, BRIÈRE, Pierre MONGIE, LEFÈVRE, TERRY et Marie-Pauline LAINÉ, ces cinq derniers libraires;

» Attendu qu'il n'est pas suffisamment prouvé qu'ils aient agi sciemment, soit en imprimant, soit en vendant ou exposant le susdit ouvrage, et que par conséquent ils se soient rendus complices;

» Le Tribunal les RENVOIE DE LA PLAINTE;

» DONNE ACTE au Procureur du roi de ses RÉSERVES contre MARCHAND-DUBREUIL, imprimeur, à raison de déclaration inexacte à la direction de la librairie. »

BIOGRAPHIE.

LE PILOTE. — 21 *Septembre* 1826.

NOTICE SUR LE COLONEL TOUQUET.

Cet officier, fils unique d'un fermier de Normandie, naquit le 3 janvier 1775, à Bailleul-la-Vallée, département de l'Eure, et fit d'assez bonnes études que la révolution interrompit.

Parti comme volontaire, il parvint rapidement au grade de lieutenant : en 1793, il était à-la-fois secrétaire de Robert Lindet, alors membre du comité du salut public, et aide-de-camp du général Turreau, commandant en chef l'armée républicaine de la Vendée : ce qui ne l'empêcha d'être, comme *suspect*, frappé d'un mandat d'arrêt, à l'exécution duquel il eut l'adresse de se soustraire jusqu'à la mort de Robespierre.

Après l'emprisonnement du général et la chute du comité, il écrivit dans plusieurs journaux; et certain bibliographe prétend en connaître qui ont paru sous son nom.

Lors de l'embrigadement, il passa comme lieutenant dans le 14e. régiment de ligne, et rejoignit bientôt son général, qui faisait le blocus d'Ehrenbreistein, en 1795. Il passa ensuite à l'état-major du général Dufour, et fit un journal destiné à propager les doctrines républicaines sur la rive droite du Rhin. Ce journal, qui s'imprimait à Neuwied, n'ayant pas rempli les vues du gouvernement qui en faisait les frais, fut prohibé en France, reparut sous divers titres, et subsiste encore à Coblentz, sous celui de *Mercure du Rhin.*

Il reparut en Normandie en 1799, et fit aux chouans une guerre active.

Après le 18 brumaire, il partit pour Bordeaux, où commandait le général Dufour, et rejoignit à Marengo le général Turreau, qui, peu après, chargé de travaux du Simplon, l'autorisa à revenir à Paris.

Là, cet officier s'occupa de faire son droit, sous ce même Lindet, jurisconsulte célèbre, qui présidait alors l'académie de législation.

Des considérations particulières ne lui ayant pas permis d'accompagner le général Turreau dans son ambassade aux États-Unis, le lieutenant Touquet, réduit à la demi-solde, publia l'une des meilleures statistiques qui jusqu'alors eussent été faites, des dissertations sur les questions de droit les plus ardues, et créa les *Tables du Bulletin officiel de cassation*, qu'il rédigea pendant long-temps, même sous la tente.

Ne pouvant obtenir de service militaire actif tant qu'il serait aide-de-camp d'un ambassadeur, il se fit nommer commissaire des guerres provisoire en 1806, et fit, en cette qualité, la campagne de Prusse. Il resta quatre ans dans ce pays : et les villes de Stettin et de Stralsund lui ont donné les plus honorables témoignages de satisfaction.

Rentré en France en 1810, il fut fait capitaine-quartier-maître du 105e régiment, et bientôt il partit comme aide-de-camp du général Blanmont, pour la funeste expédition de Russie (1812.)

C'est l'un des officiers qui ont échappé au désastre de la

division Partouneaux. Il combattit vaillamment, sous les ordres du maréchal duc de Bellune, au passage des ponts de la Bérézina, et eut un cheval tué sous lui dans la belle charge de cavalerie du général Fournier-Sarlovèze.

Sur ces entrefaites, le général Turreau, de retour de son ambassade, l'obtint de nouveau pour aide-de-camp, et crut pouvoir lui offrir quelque repos au centre de la France, à Bourges, chef-lieu de la division du commandement de laquelle il se trouvait investi (1813). Mais les besoins de la France appelant le général Turreau au gouvernement de la principauté de Wurtzbourg, le capitaine Touquet, aide-de-camp du général, fut fait commandant de la capitale du grand-duché, qui, n'ayant jamais arrêté un bataillon français, résista trois jours au bombardement d'une armée austro-bavaroise de 70,000 hommes, commandée par le prince de Wrède. C'est lui qui négocia, sous les ordres du général, la reddition de la place. La garnison française, réduite à 600 hommes, s'était retirée dans la citadelle, d'où elle ne sortit qu'après la restauration.

Cependant le capitaine Touquet avait été chargé de porter à Napoléon la convention consentie pour Wurtzbourg. Pris par les Cosaques, il leur échappa, et arriva à Francfort-sur-le Mein, où, retenu quelques jours par le prince de Schwarzenberg, il fut traduit au tribunal des souverains alliés, qui décidèrent plus tard de l'envoyer prisonnier en Silésie.

Informé de cette résolution, le capitaine résolut de remplir sa mission. Il traversa heureusement l'armée qui faisait le blocus de Mayence sur la rive droite, entra dans Cassel et rejoignit l'armée française.

On peut juger de l'importance de son rapport par les récompenses qui en furent le prix. En peu de jours, Napoléon le nomma chef de bataillon, membre de la Légion d'Honneur, chevalier de l'empire ; et quelques mois après il l'appela à son état-major, sous le nom de l'*officier de Vurtzbourg*.

Le nouveau chef de bataillon fit toute la campagne de 1814, et se refusa, dit-on, à appliquer la peine capitale prononcée par un décret de la veille, contre deux habitans de Troyes, coupables d'avoir arboré les décorations de la dynastie des Bourbons.

D'Épernay, il fut chargé de porter au maréchal Marmont (mars 1814) les ordres de Napoléon, de tenir à Reims jusqu'à l'extrémité, et de suivre le mouvement de l'armée : ordres dont l'inexécution est regardée comme la cause principale de la chute de Napoléon.

Il combattait, sur les hauteurs de Paris, le 30 mars 1814.

On assure que ses déclarations au prince de Neufchâtel et à Napoléon, à Fontainebleau, motivèrent la mise en jugement du duc de Raguse, et que ce maréchal ne traita avec les alliés que pour conserver sa tête, menacée par la décision de ses collègues.

Après le départ de Napoléon pour l'île d'Elbe, le chef de bataillon Touquet suivit l'armée française à Chartres, d'où il ne revint à Paris qu'après le licenciement.

Le 20 mars 1815, il fut prendre, sur la place du Carrousel, les ordres du général Excelmans, qui lui dit de faire ouvrir les portes des Tuileries, que la garde nationale tenait fermées. Il sortit par le guichet de la rue de l'Échelle, communiqua avec le factionnaire, entra seul dans la cour des princes, et les Tuileries furent ouvertes aux troupes qui arrivaient de Saint-Denis.

Chef de l'état-major provisoire du général Excelmans, il fit exécuter les ordres de Napoléon : le drapeau tricolor fut arboré aux Tuileries et à Notre-Dame; les proclamations de Napoléon furent affichées sur tous les murs, et elles étaient déjà *composées* pour le *Bulletin des Lois*, qu'il n'y avait pas encore de ministre nommé pour en certifier l'authenticité.

Après la chute de Napoléon, il fut nommé premier aide-de-camp de la commission de gouvernement, et promu par cette autorité au grade de colonel. La commission ayant été dissoute, il ne suivit pas l'armée outre Loire.

Mais le système adopté par le ministère l'ayant inquiété, il obtint du maréchal Saint-Cyr, ministre de la guerre, l'autorisation de se rendre à Marseille, où il trouva le lieutenant-général Partouneaux, qu'il accompagna à Toulouse; il y remplit les fonctions de greffier du conseil de guerre (1816).

Découvert dans cette retraite, où il s'était occupé de la rédaction d'un projet de *Code militaire*, le maréchal duc de Feltre lui indiqua un village de Normandie, pour y toucher sa demi-solde de chef de bataillon. Il eut encore à se soustraire à cet exil, et se fixa à Charonne (1817). Il y rédigeait les *Tables du Moniteur*. Appelé pour discuter son projet de *Code militaire*, rejeté depuis comme tant d'autres projets, ces déplacemens le décidèrent à revenir à Paris; il prit part à la fondation de *la Renommée* (1819), journal fondu depuis dans le *Courrier français*.

Il publia ensuite la *Charte* à 5 cent. (1820); bientôt *Voltaire*, *Rousseau*, *Montesquieu*, *le Répertoire du Théâtre-Français*, et une foule de brochures oubliées aujourd'hui, mais qui, toutes dans le sens de l'opposition libérale, lui créèrent une réputation que les derniers événemens ne peuvent que consolider.

Depuis 1822, cet officier supérieur jouit de la solde de retraite de son grade militaire; il fait aujourd'hui, avec le plus grand succès, le commerce de la librairie *in*-32, galerie Vivienne.

Et voilà comme on écrit l'Histoire...

FIN DE LA PREMIÈRE PARTIE.

www.ingramcontent.com/pod-product-compliance
Ingram Content Group UK Ltd.
Pitfield, Milton Keynes, MK11 3LW, UK
UKHW012039240726
13965UKWH00003B/896